《国学经典藏书》丛书编委会

国学经典藏书

曾国藩家书

何　昆　译注

吉林大学出版社
长春

图书在版编目（CIP）数据

曾国藩家书 / 何昆译注 .— 长春：吉林大学出版社，2021.8
（国学经典藏书）
ISBN 978-7-5692-8719-6

Ⅰ . ①曾… Ⅱ . ①何… Ⅲ . ①曾国藩（1811–1872）–书信集②《曾国藩家书》–译文③《曾国藩家书》–注释 Ⅳ . ① K827=52

中国版本图书馆 CIP 数据核字（2021）第 175418 号

国学经典藏书：曾国藩家书
GUOXUE JINGDIAN CANGSHU: ZENG GUOFAN JIASHU

作　　者：何　昆 译注
策划编辑：魏丹丹
责任编辑：蔡玉奎
责任校对：高珊珊
装帧设计：蒋宏工作室
开　　本：880mm × 1230mm　1/32
字　　数：202 千字
印　　张：9.75
版　　次：2021 年 8 月第 1 版
印　　次：2023 年 3 月第 2 次印刷

出版发行：吉林大学出版社
地　　址：长春市人民大街 4059 号（130021）
0431-89580028/29/21
http://www.jlup.com.cn
E-mail:jdcbs@jlu.edu.cn
印　　刷：天津鑫旭阳印刷有限公司

ISBN 978-7-5692-8719-6　　定价：40.00 元

编者的话

经典是人类知识体系的根基,是人类的精神家园,是我们走向未来的起点。莎士比亚说过:“生活里没有书籍,就好像没有阳光;智慧里没有书籍,就好像鸟儿没有翅膀。”21 世纪中国国民的阅读生活中最迫切的事情是什么?我们的回答是阅读经典!

中国有数千年一脉相传、光辉灿烂的文化,并长期处于世界文化发展的前列,尤其是在近代以前,曾长期引领亚洲乃至世界文化的发展方向。长期超稳定的社会发展形态和以小农生产为基础的、悠闲的宗法农业社会,塑造了中华民族注重实际、过分地偏重经验、重视历史的文化心理特征。从殷商时代的“古训是式”(《诗经·大雅·烝民》),到孔子的“述而不作,信而好古”(《论语·述而》),可以清楚地看出这种文化心理不断强化的轨迹。于是,历史就被赋予了神圣的光环,它既是人们获得知识的源泉,也是人们价值标准的出处。它不再是僵死的、过去的东西,而是生动活泼、富有生命力,并对现世仍有巨大指导作用的事实。因而就形成了这样一种固定的文化思维方式,也就是“以铜为鉴,可正衣冠;以古为鉴,可知兴替;以人为鉴,可明得失”(《新唐书·魏徵传》)。中国的文化人世代相承,均从历史中寻求真理,寻求“修身、齐家、治国、平天下”的崇高理想模式。

这种对于历史所怀有的深沉强烈的认同感,正是历史典籍赖以发展、繁荣的文化心理基础。历史上最初给历史典籍的研究和整理工作涂上政治、道德和伦理色彩的是春秋时期的孔子。当时的孔子因感“周室微而礼乐废、《诗》《书》缺”,于是乃删订了《诗》《书》《礼》《乐》《易》《春秋》等“六经”(见《史记·孔子世家》),寄托了自己在政治上“复礼”和道德上“归仁”的最高理想。孔子以后,历史典籍的编撰无不遵循着这一最高原则。所以《隋书·经籍志》总序中就说:“夫经籍也者,机神之妙旨,圣哲之能事。所以经天地,纬阴阳,正纲纪,弘道德,显仁足以利物,藏用足以独善……其王者之所以树风声,流显号,美教化,移风俗,何莫由乎斯道?……其教有适,其用无穷,实仁义之陶钧,诚道德之橐籥也。……夫仁义礼智,所以治国也;方技数术,所以治身也。诸子为经籍之鼓吹,文章乃政化之黼黻,皆为治国之具也。”(《隋书·经籍志一》)由此可见,历史典籍的编撰整理工作,已不仅仅是文化技术问题,更重要的是它还负有“正纲纪,弘道德”的政治和道德使命。于是,在两千多年的历史发展过程中,先人们为我们留下了汗牛充栋的文化典籍。这些宝贵的精神财富,不仅是我们中华民族的骄傲,也是全人类的骄傲,并已成为世界文化宝藏的重要组成部分。

中国的先哲们一向对古代典籍充满崇敬之情,他们认为,先王之道、历史经验、人伦道德以及治国安邦之术、读书治学之法等等,都蕴藏于典籍之中。文献典籍是先王之道、历史经验、人伦道德等赖以传递后世的重要手段。离开书籍,后人将无法从前朝吸取历史经验,无法传承先王之道。在日新月异的当代,如何对待这份优秀的文化遗产?毛泽东同志早就指出:“中国的长期封建社会中,创造了灿烂的古代文化。清理古代文化的发展过程，剔除其封建性的糟粕，吸取其民主性的精华，是发展民族新文化、提高民族自信心的必要条件。……中国现时的新文化也是从古代的旧文化发展而来，因此，我们必须尊重自己的历史，决不能割断历史。但是，这种尊重是给历史以一定的科学地位，是尊重历史的辩证法的发展，而不是颂古非今。”（毛泽东《新民主主义论》）古代典籍，不仅对中华民族的形成与发展历史地发挥了巨大的凝聚力作用，而且在当今中华民族伟大复兴中，依然会发挥无可替代的重要作用。

在科学技术迅猛发展的当代社会，人们的生活、观念正在发生着巨大而深刻的变革，面对蓬勃发展的现代科技和汹涌而至的各种思潮，人们依然能深切地感受到中国传统文化无所不在的巨大力量。人们渴望了解这种无形的力量源泉，于是绚丽多姿的中华典籍就成了人们首要的选择。它能够使我们在精神上成为坚强、忠诚和有理智的人，成为能够真正爱人类、尊重人类劳动、衷心地欣赏人类的伟大劳动所产生的美好果实的人。所以，在今天，我们要阅读经典；当数字化、网络化带来的“信息爆炸”占领人们的头脑、占用人们的时间时，我们要阅读经典；当中华民族迈向和平崛起和民族复兴的伟大征程时，我们更要阅读经典。因此，读经典，这个我们习以为常的平凡过程，实际上就成了人的心灵和上下古今一切民族的伟大智慧相结合的过程。但由于时代的变迁，这些经典对现代人来说已是谜一样的存在。为继承这份优秀的文化遗产，帮助人们更好地利用这些经典，在全国学术界诸多专家学者的支持下，我们策划了这套“国学经典藏书”丛书。

丛书以弘扬传统、推陈出新、汇聚英华为宗旨，以具有中等以上文化程度的广大读者为对象，从我国古代经、史、子、集四部典籍中精选 50 种，以全注全译或节选的形式结集出版。在书目的选择上，重点选取我国古代哲学、历史、地理、文学、科技、教育、生活等领域历经岁月洗礼、汇聚人类最重要的精神创造和知识积累的不朽之作。既注重选取历史上脍炙人口、深入人心的经典名著，又注重其适应现代社会的人文价值趋向。丛书不仅精校原文，而且从前言、题解，到注释、译文，均在吸收历代学者研究成果的基础上精心编撰。在注重学术性标准的基础上，尽量做到通俗易懂。我们相信，本丛书的出版，对提高人们的古代典籍认知水平，阅读和利用中华传统经典，传播中华优秀文化，提高人们的民族自信心和文化自豪感，进而为中华民族伟大复兴做贡献，均将起到应有的作用。高尔基说："书籍是人类进步的阶梯。""要热爱读书，它会使你的生活轻松，它会友爱地帮助你了解纷繁复杂的思想、感情和事件；它会教导你尊重别人和你自己；它以热爱世界、热爱人类的情感，来鼓舞智慧和心灵。""当书本给我讲到闻所未闻、见所未见的人物、感情、思想和态度时，似乎是每一本书都在我面前打开一扇窗户，并让我看到一个不可思议的新世界。""每一本书是一级小阶梯，我每爬一级，就……更接近美好生活的观念，更热爱这书"（《高尔基论青年》，中国青年出版社 1956 年版）。流传千年的文化经典，让我们受益匪浅，使我们懂得更多。正如德国著名作家歌德所说："读一本好书，就是和一位品德高尚的人谈话。"的确，读一本好书，就像是结交了一位良师益友。我们真诚希望，这套经典丛书能够真正进入您的生活，成为人人应读、必读和常读的名著。

陈　虎

庚子岁孟秋

前言

《左传·襄公二十四年》载："太上有立德，其次有立功，其次有立言，虽久不废，此之谓不朽。"所言"立德、立功、立言"，便是中国传统士人崇尚的"三不朽"精神。晚清重臣曾国藩为成就"三不朽"之事业，勇猛精进、坚苦卓绝，被誉为传统中国最后一个完人。

曾国藩(1811—1872)，初名子城，字伯涵，号涤生，谥文正。中国近代政治家、军事家、理学家、文学家、书法家，湘军的创立者和统帅。曾国藩生于耕读之家，自幼勤奋好学，先后就读于家塾利见斋、衡阳唐氏宗祠、湘乡涟滨书院、长沙岳麓书院。道光十八年(1838)中进士，此后十年七迁，连跃十级，升迁到二品官位。曾国藩奉行"居官以耐烦为第一要义"，主张凡事要勤俭廉劳，不可为官自傲。为京官期间，深受理学名臣唐鉴、倭仁等影响，进德律己，颇有清誉。太平天国运动时期，曾国藩创建湘军，攻灭太平天国，被称为同治中兴第一名臣。曾国藩首倡洋务运动，在其倡议下，建造了中国第一艘轮船；建立了第一所兵工学堂；翻译印刷了第一批西方书籍；派遣了第一批赴美留学生，被视为中国近代化建设之先驱。

曾国藩在政治、军事方面颇有成就，在经济、文化等方面也为近代社会的发展做出了显著贡献。史学家徐中约在《中国近代史》中给予曾国藩很高的评价:“曾国藩的政治家风度、品格及个人修养很少有人能与之匹敌。他或许是19世纪中国最受人敬仰、最伟大的学者型官员。”这位学者型官员在文化学术方面颇有成就:书法上,勤于创作,其近130万字的《日记》是中国古代罕见的巨型书法作品。他的小楷和行书被认为是清代的典范;文学上,继承了“桐城派”古文风格而创立了“湘乡派”;学术上,奉行程朱理学而兼取宋明儒学其他支派的思想。在这诸多成就中,最引人瞩目的却是《曾文正公家书》。

书信集《曾文正公家书》是曾国藩的著述中影响最大、传播最广的。该书主要集结了曾国藩在清道光二十年(1840)至同治十年(1871)期间撰写的致家中长辈和同胞兄弟等的书信。曾国藩家书内容丰富,所涉甚广,既有进德修业、经邦纬国之道,又有日常生活、人际交往之事。它既是研究曾国藩生平的重要材料,又是研究近代中国史的文献资料。我们的这本《曾国藩家书》为选本,主要分为治学之法、为人之道、经世之术三类,从立志、门径、修身、齐家、交友、理财、养生、识才、为政、军事十个方面选取65篇书信。所选之文遵循“只选不节”的原则,并配以题解、注释、译文,以便于阅读者更好地体会曾国藩严谨恭肃而极具说服力、感召力的文风。

何　昆

2020年3月

目 录

一、治学之法

二、为人之道

三、经世之术

一、治学之法

（一）立志

1.道光二十二年十一月十七日 致诸弟·发奋立志，念念有恒

〔题解〕

东汉许慎在《说文解字》中对“孝”的解释是：善事父母者，从老省、从子，子承老也。它是一个会意字，由“老”字省去右下角的形体和“子”字组合而成，其字形与“善事父母”之义契合。“孝”就是子女对父母的一种善行和美德，是家庭中晚辈在处理与长辈的关系时应该具有的道德品质和必须遵守的行为规范。

“孝”作为伦理观念在西周时已被正式提出，孔子更是把“孝”与“悌”结合起来。《论语》中多次以孝悌连用。孔子非常重视孝悌，认为孝悌是做人、做学问的根本。孝悌简言之就是孝敬父母、友爱兄弟。这种孝悌文化在《曾国藩家书》中有着鲜明的体现：“余欲尽孝道，更无他事，我能教诸弟进德业一分，则我之孝有一分；能教诸弟进十分，则我孝有十分；若全不能教弟成名，则我大不孝矣。”曾国藩将教育诸弟成才视为尽孝道的方式，希望弟弟们能“发奋立志，念念有恒”取得学业上的进步，这

样自己才能免于不孝之罪。

诸位贤弟足下①：

十月廿七日寄弟书一封，内信四叶、抄倭艮峰先生日课三叶、抄诗二叶，已改寄萧莘五先生处，不由庄五爷公馆矣。不知已到无误否？

〔注释〕

①足下：常用于对平辈或是朋友之间的敬称，古时也用于对上。

〔译文〕

诸位贤弟足下：

十月二十七日寄给弟弟们一封信，里面有四页信、抄倭艮峰先生日课三页、抄诗二页，已经改寄到萧莘五先生那里，不再寄到庄五爷公馆了。不知道是否已无误地收到了？

十一月前八日已将日课抄与弟阅，嗣后每次家信①，可抄三叶付回。日课本皆楷书，一笔不苟，惜抄回不能作楷书耳。冯树堂进功最猛，余亦教之如弟，知无不言。可惜九弟不能在京与树堂日日切磋，余无日无刻不太息也②。九弟在京年半，余懒散不努力。九弟去后，余乃稍能立志，盖余实负九弟矣。余尝语岱云曰："余欲尽孝道，更无他事，我能教诸弟进德业一分，则我之孝有一分；能教诸弟进十分，则我孝有十分；若全不能教弟成名，则我大不孝矣。”九弟之无所进，是我之大不孝也。惟愿诸弟发奋立志，念念有恒，以补我不孝之罪。幸甚幸甚③！

〔注释〕

①嗣后：以后。

②太息：叹息，大声叹气。

③幸甚：表示非常希望或很值得庆幸。书信中用以表示殷切期望或非常荣幸之意。

〔译文〕

十一月前八日，已经抄了日课给你们看，以后每次写家信，可抄三页寄回去。日课本都是用楷书写的，一笔不苟，可惜寄回的抄本不能用楷书写。冯树堂进步最快，我教他和教自己的弟弟一样，知无不言。可惜九弟不能在京城与树堂天天切磋学问，我无时无刻不为此叹息。九弟在京城一年半，我懒散不努力。九弟离开后，我才稍稍能够立志，我实在对不起九弟啊。我曾经对岱云说：“我想尽孝道，其实也没有别的事，我能够教育弟弟们在道德修业上长进一分，那我便尽了一分孝；能够教育弟弟们进步十分，那我便尽了十分孝；如果全然不能教弟弟们成名，那我便是大大的不孝了。”九弟没有长进，是我的大不孝。只希望弟弟们发奋立志，时时刻刻有恒心，以弥补我的不孝之罪。那就太幸运了！

岱云与易五近亦有日课册①，惜其识不甚超越。余虽日日与之谈论，渠究不能悉心领会，颇疑我言太夸。然岱云近极勤奋，将来必有所成。

〔注释〕

①日课：每日一定的课程。宋陆游《闷极有作》："老人无日课，有兴即题诗。"

〔译文〕

岱云和易五近来也有日课册子，可惜他们的见识不够高明。我虽天天和他们谈论，他们却不能一一领悟，还怀疑我说得太夸张了。但岱云近来很勤奋，将来一定有成就。

何子敬近待我甚好，常彼此作诗唱和。盖因其兄钦佩我诗，且谈字最相合，故子敬亦改容加礼。子贞现临隶字，每日临七八叶，今年已千叶矣。近又考订《汉书》之讹[1]，每日手不释卷。盖子贞之学长于五事：一曰《仪礼》精[2]；二曰《汉书》熟；三曰《说文》精[3]；四曰各体诗好；五曰字好。此五事者，渠意皆欲有所传于后。以余观之，此三者余不甚精，不知浅深究竟何如。若字，则必传千古无疑矣。诗亦远出时手之上，而能卓然成家。近日京城诗家颇少，故余亦欲多做几首。

〔注释〕

①《汉书》：东汉班固撰。是中国第一部纪传体断代史，"二十四史"之

一，与《史记》《后汉书》《三国志》并称为“前四史”。全书主要记述了上起西汉的汉高祖元年（前206），下至新朝王莽地皇四年（23）共230年的史事。包括纪十二篇，表八篇，志十篇，传七十篇，共一百篇。唐颜师古为之释注，清王先谦补注。

②《仪礼》：儒家“十三经”之一。是春秋战国时代的礼制汇编，共十七篇。主要记载了周代的冠、婚、丧、祭、乡、射、朝、聘等各种礼仪。当时所传有三种：戴德本、戴圣本、刘向别录本。今通行本为郑玄注、贾公彦疏的刘向别录本。

③《说文》：《说文解字》。东汉许慎撰。中国第一部有系统分析字形及考究字源的字书。按文字形体及偏旁构造分列540部，是首部按部首编排的汉语字典。历代都有许多学者对《说文解字》进行研究，以清朝最为兴盛，较为著名的是“说文四大家”：著《说文解字注》的段玉裁、著《说文通训定声》的朱骏声、著《说文解字义证》的桂馥、著《说文句读》的王筠。

〔译文〕

何子敬近来对我非常好，经常彼此作诗唱和。这是因为他哥哥钦佩我的诗，而且谈论起书法最相契合，所以子敬也改变态度，对我格外礼貌。子贞现在临习隶书，每天临七八页，今年已临了一千页了。近来又考订《汉书》的讹误，每天手不释卷。子贞的学问在五个方面见长：一是精通《仪礼》；二是熟悉《汉书》；三是精通《说文》；四是各体诗都写得好；五是书法好。这五个方面，他都想能传于后世。在我看来，前面三个方面我不是很精通，不知道他造诣深浅如何。如果说到书法，那必定可传千古无疑的了。他的诗也远远超过了同时的诗人，能卓然成家。近来京城写诗的人很少，所以我也想多做几首。

金竺虔在小珊家住，颇有面善心非之隙。唐诗甫亦与小珊有隙。余现仍与小珊来往，泯然无嫌[①]，但心中不甚惬洽耳[②]。曹西垣与邹云陔十月十六起程，现尚未到。汤海秋久与之处，其人诞言太多[③]，十句之中仅一二句可信。今冬嫁女二次：一系杜兰溪之子，一系李石梧之子入赘。黎樾翁亦有次女招赘。其婿虽未读书，远胜于冯舅矣。李笔峰尚馆海秋处[④]，因代考供事，得银数十，衣服焕然一新。王翰城捐知州，去大钱八千串。何子敬捐知县，去大钱七千串。皆于明年可选实缺[⑤]。黄子寿处，本日去看他，工夫甚长进，古文有才华，好买书，东翻西阅，涉猎颇多，心中已有许多古董。何世兄亦甚好，沉潜之至[⑥]，虽天分不高，将来必有所成。吴竹如近日未出城，余亦未去，盖每见则耽搁一天也。其世兄亦极沉潜，言动中礼，现在亦学倭艮峰先生。吾观何、吴两世兄之姿质，与诸弟相等，远不及周受珊、黄子寿，而将来成就，何、吴必更切实。此其故，诸弟能看书自知之。愿诸弟勉之而已。此数人者，皆后起不凡之人才也。安得诸弟与之联镳并驾[⑦]，则余之大幸也。

〔注释〕

①泯然无嫌：指表面上没有嫌隙。无嫌，无可嫌疑处，没有疑忌。

②惬洽：融洽。

③诞言：夸大虚诞的言辞。

④馆：旧时指教学的地方。

⑤实缺：经正式任命有实际职掌的官职。清制，以额定官职经正式任命者为实缺，委派署理者为署缺。

⑥沉潜：性格深沉，沉稳。

⑦联镳（biāo）：相等或同进。

〔译文〕

金竺虔住在小珊家，两人有嫌隙，面和心不和。唐诗甫也和小珊有嫌隙。我现在仍旧与小珊往来，表面上没有嫌隙，但心里还是不太融洽。曹西垣与邹云陔十月十六起程，现在还未到。与汤海秋相处很久了，这个人夸大虚诞的言辞太多，十句中仅一二句可以相信。今年冬天嫁女儿的有两次：一是杜兰溪家，一是李石梧家女婿入赘。黎樾翁也是二女儿招赘。他女婿虽没有读过什么书，但远比冯舅强。李笔峰还在汤海秋家教书，因代人考试，挣到数十两银子，衣服焕然一新。王翰城捐知州，花费大钱八千串。何子敬捐知县，花费大钱七千串。明年都可选实缺上任。今天去黄子寿那看他，他的功夫很有长进，古文有才华，喜欢买书，东翻翻西看看，涉猎很广，心里已收藏了不少掌故。何家的公子也很好，沉稳得很，虽然天分不高，但将来一定有所成就。吴竹如近日没有出城，我也没有去，因为见一次面便耽搁一天时光。他家的公子也很沉稳，言行合乎礼节，现在也师事倭艮峰先生。我看何、吴两家公子的姿质，和弟弟们不相上下，远不及周受珊、黄子寿，但将来的成就，何、吴两人一定更切实些。这其中的缘故，弟弟们都能读书，自然知道我的意思。希望弟弟们自勉。这几位，都是年轻一辈不平凡的人才。如果弟弟们能够与他们并驾齐驱，那就是我的大幸运。

季仙九先生到京服阕[①]，待我甚好，有青眼相看之意。同年会课[②]，近皆懒散，而十日一会如故。

〔注释〕

①服阕(què)：守丧期满除服。

②会课：旧时考核官吏成绩或学校考课。此处指文人结社，定期集会，研习功课，传观所作文字。

〔译文〕

季仙九先生守丧满期，到了京城，对我很好，有另眼相看之意。同年们相约研习功课，近来都比较懒散，但十天一聚，在一起做功课依然如故。

余今年过年，尚须借银百五十金，以五十还杜家，以百金用。李石梧到京，交出长郡馆公费，即在公项借用，免出外开口更好。不然，则尚须张罗也[①]。

〔注释〕

①张罗：筹划。

〔译文〕

我今年过年，还要借一百五十两银子，拿五十两还杜家，留一百两自用。李石梧到京城，交出长郡馆公费，我就在这公项中借用，免得出外开口向人借，这样更好些。不然的话，还要筹划一番。

门上陈升一言不合而去[①]，故余作《傲奴诗》。现换一周升作门上，颇好。余读《易·旅》“丧其童仆”[②]，《象》曰[③]：“以旅与下，其义丧也。”解之者曰：“以旅与下者，谓视童仆如旅人，刻薄寡恩，漠然无情，则童仆亦将视主上如逆旅矣[④]。”余待下虽不刻薄，而颇有视如逆旅之意，故人不尽忠。以后，余当视之如家人手足也，分虽严明而情贵周通。贤弟待人亦宜知之。

〔注释〕

①门上：门上人，门役，门卫。

②《易》：也称《周易》。中国儒家经典之一，分《经》《传》两部分，《经》据传为周文王所作，由卦、爻两种符号重叠演成64卦、384爻，依据卦象推测吉凶。

③《象》：《象辞》。《周易》解释卦象与爻象之辞。

④逆旅：旅馆，客舍。此处指路人。

〔译文〕

门上陈升因为一言不合拂袖而去，为此我作了一首《傲奴诗》。现在换了周升做门上，比较好。我读《易·旅》“丧其童仆”，《象辞》说：“以旅与下，其义丧也。”解释的人说：“所谓以旅与下，是说将童仆看作路人，刻薄寡恩，漠然无情，那么童仆也就把主人看作路人了。”我对待下人虽说不刻薄，却也有将他们看作路人的嫌疑,所以他们就不尽忠报效于我。今后,我要把下人当作自己家里人一样看待,对他们亲如手足,主仆身份界限虽要严格明白,但感情上还是以沟通为贵。贤弟们对待别人,也要知道这个道理。

余每闻折差到,辄望家信[1]。不知能设法多寄几次否?若寄信,则诸弟必须详写日记数天,幸甚。余写信,亦不必代诸弟多立课程,盖恐多看则生厌,故但将余近日实在光景写示而已,伏惟诸弟细察。

〔注释〕

①辄(zhé):就。

〔译文〕

我每听到信差到来,就盼望有家信。不知能不能设法多寄几封家信?如果寄信来,弟弟们必须详细写出几天的日记为幸。我写信,也不必替你们多立课程,因为怕看多了产生厌烦心理,所以只写我近日实际情形给弟弟们看罢了,望弟弟们细心体察。

2.道光二十四年九月十九日
致诸弟·三十以前,立志猛进

〔题解〕

《论语·为政》中:"吾十有五而志于学,三十而立,四十而

不惑，五十而知天命，六十而耳顺，七十而从心所欲，不逾矩。”这是孔子对其人生状态的自我评价，后人往往以此作为人生各个阶段应达到的生活理想状态。孔子所说的“三十而立”，是指他在这个时候做事合于礼，言行都很得当。后人则以“三十岁”为分界线，认为人到了三十岁说话做事都应有把握，能自立于社会，并有所成就。正因人在三十岁前后当有所成就，所以须在“三十以前，立志猛进”，奋发向上。

四位老弟足下：

自七月发信后，未接诸弟信。乡间寄信，较省城寄信百倍之难，故余亦不望也。

〔译文〕

四位老弟足下：

自七月发信以后，没有接到弟弟们的信。乡下寄信，比省城寄信困难百倍，所以我也不奢望。

九弟前信有意与刘霞仙同伴读书，此意甚佳。霞仙近来读朱子书①，大有所见，不知其言语容止、规模气象何如？若果言动有礼，威仪可则，则直以为师可也，岂特友之哉！然与之同居，亦须真能取益乃佳，无徒浮慕虚名。人苟能自立志，则圣贤豪杰何事不可为？何必借助于人！“我欲仁，斯仁至矣②。”我欲为孔孟③，则日夜孜孜④，惟孔孟之是学，人谁得而御我哉？若自己不立志，则虽日与尧、舜、禹、汤同住⑤，亦彼自彼，我自我矣，何与于我哉？

〔注释〕

①朱子：对宋朱熹的尊称。南宋哲学家、教育家。儒学集大成者，世尊称为朱子。朱熹著述甚多，其《四书章句集注》成为明清以后钦定的教科书和科举考试的标准。

②我欲仁，斯仁至矣：出自《论语·述而》：子曰："仁远乎哉？我欲仁，斯仁至矣。"意思是孔子说："仁德难道离我们还远吗？我要它，它就来了。"

③孔孟：孔子与孟子的合称，为我国儒家代表人物。孔子，名丘，字仲尼。春秋末期鲁国人。中国古代思想家、教育家，儒家学派创始人。他开创了私人讲学的风气，倡导仁、义、礼、智、信。孟子，名轲，字子舆。战国时著名思想家、政治家、教育家。儒家学派的代表人物之一，地位仅次于孔子，与孔子并称"孔孟"。宣扬"仁政"，最早提出"民贵君轻"的思想。

④孜孜：勤勉，不懈怠。

⑤尧、舜、禹、汤：尧和舜，中国上古时期的贤明君主，后泛指圣人。禹，中国夏代的第一个君主，因治水有功，得舜让位，立国为夏。汤，商朝的开国之君。

〔译文〕

九弟前次信中说他想与刘霞仙同伴读书，这个想法很好。霞仙近来读朱子的书颇有所得，但不知道他的谈吐容貌、规格气象怎样？如果言语行为有礼，威仪可以作为表率，那么师从他也可以，又岂止是以朋友之道相处呢！但与他同住，也要真能有所收获才好，不能徒慕虚名。一个人假若自己能立志，那圣贤豪杰之事,有什么事情做不到呢?何必一定要借助别人呢?“我想仁,仁便来到了。”我要做孔孟那样的圣贤,那就日夜勤勉,只学习孔孟,那又有谁能阻止我不让我成功呢?如果自己不立志,那虽是天天与尧、舜、禹、汤同住,也只能是他是他,我是我,又与我有何相干呢?

去年温甫欲读书省城,吾以为离却家门局促之地,而与省城诸胜己者处,其长进当不可限量。乃两年以来,看书亦不甚多。至于诗文,则绝无长进,是不得归咎于地方之局促也。去年余为择师丁君叙忠,后以丁君处太远,不能从。余意中遂无他师可从。今年弟自择罗罗山改文,而嗣后杳无消息,是又不得归咎于无良友也。日月逝矣,再过数年,则满三十,不能不趁三十以前立志猛进也①。

〔注释〕

①三十以前:三十岁以前。《论语·为政》中:“吾十有五而志于学,三十而立,四十而不惑,五十而知天命,六十而耳顺,七十而从心所欲,不逾矩。”所谓“三十而立”,指三十岁始能自立于社会,并有所成就。

〔译文〕

去年温甫想到省城读书,我以为离开家门局促的狭小天地,而与省城里那些比自己强的人相处,进步一定不可限量。两年以来,看书也不很多。至于诗文,则没有一点长进,可见不能归咎于地方局促狭小啊。去年我为他选择丁叙忠做老师,后来因丁君处太远了,不能追随。我心目中便没有其他老师可以(让他)追随了。今年弟弟自己选择罗罗山处附课改文,但此后又杳无消息,可见又不能归咎于没有良师益友。时光飞逝,再过几年就满三十岁了,不能不趁三十岁前下决心猛进啊。

余受父教,而余不能教弟成名,此余所深愧者。他人与余交,多有受余益者,而独诸弟不能受余之益,此又余所深恨者也。今寄霞仙信一封,诸弟可抄存信稿而细玩之。此余数年来学思之力,略具大端。

〔译文〕

我受父亲教诲,却不能教育弟弟成名,这是我深感惭愧的。别人与我交往,多数能从我这里受益,而独独弟弟们不能从我这里受益,这又是我最大的遗憾。现在寄给霞仙一封信,各位弟弟可抄下来细细体会。这是我数年来学习思考的力作,大概都在这里了。

六弟前嘱余将所作诗抄录寄回。余往年皆未存稿,近年存稿者,不过百余首耳,实无暇抄写,待明年将全本付回可也。

国藩草。

〔译文〕

六弟此前嘱咐我把作的诗抄录寄回。我往年都没有留底稿，近年存了底稿的，不过一百多首，实在没有时间抄写，等明年抄一整本寄回家。

国藩亲笔。

3.道光二十四年十一月二十一日 致诸弟·学问之道，有恒为主

〔题解〕

《诗经·大雅·荡》："靡不有初，鲜克有终。"意思是刚开始做的时候都能有一个好的开始，但很少有人能坚持到最后。以此提醒人们善始至终的重要性。学问之道，自是须不忘初心，方得始终。那如何才能实现呢？曾国藩给出了明确的答案："学问之道无穷，而总以有恒为主。"何谓"有恒"，即"虽极忙，亦须了本日功课，不以昨日耽搁而今日补做，不以明日有事而今日预做。""有恒"，不但是日日坚持不懈，而且要"今日事今日毕"。即使很忙，也要了结当天的功课，不因昨天耽搁了而今天补做，也不因明天有事而今天预先做。

四位老弟足下：

前月寄信，想已接到。余蒙祖宗遗泽[①]，祖、父教训，幸得科名，内顾无所忧，外遇无不如意，一无所觖矣[②]。所望者，再得诸弟强立[③]，同心一力，何患令名之不显？何患家运之不兴？欲别立课程，多讲规条，使诸

弟遵而行之，又恐诸弟习见而生厌心；欲默默而不言，又非长兄督责之道。是以往年常示诸弟以课程，近来则只教以"有恒"二字④。所望于诸弟者，但将诸弟每月功课写明告我，则我心大慰矣。

〔注释〕

①遗泽：遗留给后世的恩惠德泽。

②觖(jué)：不满意的意思。

③强立：遇事能明辨不疑，自强自立。

④有恒：有恒心，坚持不懈，行事能持久不变。

〔译文〕

四位老弟足下：

前月寄的信，想必已经接到。我承蒙祖宗留下的恩泽，祖父和父亲的教训，幸运地得到了科名。家中之事没有什么可担忧的，在外的境遇没有不如意的，再没有任何不满意的。所希望的是弟弟们自强自立，同心协力，如此还怕什么美名不能显扬？还怕什么家运不兴旺呢？我想另立课程，多讲条文规矩，令弟弟们遵照执行，又恐怕弟弟们见得太多而生厌烦之心；想默默不说，又怕失了长兄督责的道义。所以往年常指示限定弟弟们的功课，近来却只教弟弟们"有恒"二字。对弟弟们的希望，是只要将弟弟们每月功课写明白告诉我，那我的心里便觉有很大的安慰了。

乃诸弟每次写信，从不将自己之业写明，乃好言家事及京中诸事。此时家中重庆[①],外事又有我照料,诸弟一概不管可也。以后写信,但将每月作诗几首、作文几首、看书几卷,详细告我,则我欢喜无量。诸弟或能为科名中人,或能为学问中人,其为父母之令子一也,我之欢喜一也。慎弗以科名稍迟,而遂谓无可自力也[②]。如霞仙今日之身分,则比等闲之秀才高矣。若学问愈进,身分愈高,则等闲之举人、进士,又不足论矣。

〔注释〕

①重庆:祖父母及父母都健在。

②自力:尽自己的力量。无可自力,无处可尽自己的力量。

〔译文〕

但弟弟们每次写信,从不把自己的学业写明白,只是喜欢说家事和京城中的事。这个时候,家里祖父母及父母都健在,外面的事又有我照料,弟弟们可以一概不管。以后写信,只要将每月作诗几首、作文几篇、看书几卷详细告诉我,那我就很高兴了。各位弟弟或者可以成为科名中的人,或者可以成为学问中的人,都一样是父母的好儿子,一样令我高兴。千万不要因为考取科名稍迟,便说自己无用武之地。比如霞仙今天的身份,比一般的秀才就高一些。如果学问再进,身份就更高,那一般的举人和进士就不值得谈论了。

学问之道无穷,而总以有恒为主,兄往年极无恒,近年略好，而犹未纯熟[①]。自七月初一起，至今则无一日间断：每日临帖百字，抄书百字，看书少亦须满二十页，多则不论。自七月起，至今已看过《王荆公文集》百卷[②]、《归震川文集》四十卷[③]、《诗经大全》二十卷[④]、《后汉书》百卷[⑤]，皆朱笔加圈批。虽极忙，亦须了本日功课，不以昨日耽搁而今日补做，不以明日有事而今日预做。诸弟若能有恒如此，则虽四弟中等之资，亦当有所成就，况六弟、九弟上等之资乎？

〔注释〕

①纯熟：熟练，精通。

②王荆公：宋代政治家王安石，曾封荆国公。

③归震川：明代学者归有光，为明代名儒。字熙甫，门人称震川先生。著有《震川集》。

④《诗经大全》：一名《诗传大全》，又名《诗集传大全》。明胡广等奉敕撰。为《五经大全》之一，成于永乐十三年（1415）颁行天下，为明代科举考试的标准书之一。

⑤《后汉书》：是一部记载东汉历史的纪传体史书，由中国南朝宋时期的历史学家范晔编撰。分十纪、八十列传和八志（取自司马彪《续汉书》），全书主要记述了上起东汉光武帝建武元年（25），下至汉献帝建安二十五年（220）共195年的史事。与《史记》《汉书》《三国志》合称“前四史”。

〔译文〕

为学之道是没有穷尽的，总以有恒为主。兄长往年极没有恒心，近年略为好些，而还没到纯熟的境界。自七月初一起，至今没有一天间断：每天临帖百字，抄书百字，看书至少二十页，超过则不说。自七月起，到现在已经看过《王荆公全集》百卷、《归震川文集》四十卷、《诗经大全》二十卷、《后汉书》百卷，都用朱笔加圈点批注。即使很忙，也要了结当天的功课，不因昨天耽搁了而今天补做，也不因明天有事而今天预先做。弟弟们如果能这样坚持不懈，那么即使是四弟那样中等的资质，也应当有所成就，何况六弟、九弟是上等资质呢？

明年肄业之所①，不知已有定否？或在家，或在外，无不可者。谓在家不可用功，此巧于卸责者也。吾今在京，日日事务纷冗②，而犹可以不间断，况家中万万不及此间之纷冗乎？

〔注释〕

①肄(yì)业：修习学业。

②纷冗(rǒng)：多余繁杂的意思。

〔译文〕

明年读书的地方，不知定下来没有？或者在家，或者在外，都无不可。说在家不好用功，这是巧于推卸责任。我现在京城，天天事务繁杂，都可以做到不间断，何况弟弟们在家绝对比不上我这里繁忙呢？

树堂、筠仙自十月起，每十日作文一首，每日看书十五页，亦极有恒。诸弟试将朱子《纲目》过笔圈点，定以有恒，不过数月即圈完矣。若看注疏[1]，每经亦不过数月即完。切勿以家中有事而间断看书之课，又弗以考试将近而间断看书之课。虽走路之日，到店亦可看；考试之日，出场亦可看也。

〔注释〕

①注疏：古籍的"注"和"疏"的合称。对于文章或书籍正文做解释的文字称为"注"，或注解、注释。对典籍、古文献做注始于汉代。及至唐代，许多汉人的注解也已不易理解。于是产生了新的注解形式，即注解者既注解正文，也注解前人的注解，也就是总的加以疏通，这种注解称为"疏"，也称"正义"。

〔译文〕

树堂、筠仙从十月起，每十天作文一篇，每天看书十五页，也很有恒心。弟弟们试着把朱子《纲目》过目圈点，下决心坚持，不过几个月的时间就可以看完了。如果看注疏，每种经书也不过几个月就能看完。千万不要因为家中有事就间断看书的课程，也不要因为考试将近就间断看书的课程。即便是出门的时候，到旅店的时侯也可以看；考试期间，出了考场也可以看。

兄日夜悬望[1]，独此"有恒"二字告诸弟，伏愿诸弟刻刻留心。幸甚幸甚！

兄国藩手草。

〔注释〕

①悬望:盼望,挂念。

〔译文〕

兄长日夜挂念,只有将“有恒”二字告之于弟弟们,愿弟弟们时刻留心。那就太幸运了!

兄国藩亲笔。

（二）门径

1.道光二十二年九月十八日致诸弟·读书两事，进德修业

〔题解〕

曾国藩在此篇中阐明了在读书过程中最重要的两件事，即“进德”和“修业”。我们读书，只有两件事：一是进德，讲求正心、诚意、修身、齐家的道理，以做到不负一生；一是修业，操习记诵词章的技巧，以做到能够谋身。至于学习一门技术来谋身，没有比谋生更大的事了。困厄与显达由天作主，给予和剥夺由人作主。只有专业精通还是不精通，是由我们自己做主。还没有见过专业很精通而最终却不能谋生的。读书人如果能精通学业，那怎见得他不会有科名呢？就算最终得不到科名，又怎见得不会有其他谋生的途径呢？因此说：“求业之精，别无他法，曰专而已矣。”“掘井多而无泉可饮，不专之咎也。”只怕专业不精啊。

四位老弟足下：

九弟行程，计此时可以到家。自任丘发信之后，至今未接到第二封信，不胜悬悬①，不知道上不甚艰险否？四弟、六弟院试②，计此时应有信，而折差久不见来，实深悬望。

〔注释〕

①悬悬：挂心，挂念。

②院试：清代由各省学政主持的考试。曾经府试录取的士子可参加院试。因学政称提督学院，故由学政主持的考试亦名院试，又以旧制称提学道，故亦沿称“道考”。录取者即为生员，送入府、县学官，称“入学”，受教官的月课与考校。科举考试之一，即童生于贡院内考试。

〔译文〕

四位老弟足下：

九弟的行程，算来现在应该到家了。自从在任丘发信之后，至今没有接到第二封信，心里实在挂念，不知道路上有什么艰难险阻吗？四弟、六弟参加院试，算来现在应该有信了，但是许久也不见信差来，实在是太挂念了。

予身体较九弟在京时一样，总以耳鸣为苦。问之吴竹如，云只有静养一法，非药物所能为力。而应酬日繁，予又素性浮躁，何能着实静养。拟搬进内城住①，可省一半无谓之往还②，现在尚未找得。予时时自悔终未能洗涤自新。九弟归去之后，予定刚日读经、柔日读史之法[3]。读经常懒散，不沉着。读《后汉书》，现已丹笔点过八本，虽全不记忆，而较之去年读《前汉书》领会较深。九月十一日起，同课人议：每课一文一诗，即于本日申刻用白折写[4]。予文诗极为同课人所赞赏，然予于八股绝无实学，虽感诸君奖借之殷，实则自愧愈深也。待下次折差来，可付课文数篇回家。予居家懒做考差工夫，即借此课以磨历考具[5]，或亦不至临场窘迫耳。

〔注释〕

①内城：北京内城又称“京城”“大城”。东段和西段的大部分为元大都城墙，北段和南段修筑于明朝洪武、永乐年间。朱棣迁都北京，拓建了皇城和周长四十里的大城。大城即北京历史上的内城。嘉靖三十二年（1553），又在东南角到西南角即城南，增筑了外城，从而形成了内外两城的格局。清朝沿用了这一格局，但对内外城的利用有所变化，形成了旗汉分城的制度。内城主要居住王公、贵族、旗人和少数“被封赏”“有赐第”的汉族显臣。原居内城的一般汉民及中下层官员，则一律迁居外城。于是形成了一个外城以汉人为主，包括中下层官僚和以劳动为生的各阶层人民的生活住区，并由此形成了内外城诸多不同的生活习俗（详见贺海《清代北京内外城》一文）。

②往还：交往。

③刚日：单日。古代以干支纪日，甲、丙、戊、庚、壬五日居奇位，属阳刚，故称为“刚日”。柔日：古代以干支纪日，天干中偶数为“柔日”，即乙、丁、己、辛、癸等日称为“柔日”，因均属偶数，也称“偶日”。《礼记·曲礼上》：“外事以刚日，内事以柔日。”

④白折:旧时用于练字习文的空白折子。

⑤考具:科考时必备的用具。

〔译文〕

我身体和九弟在京时一样,总是因耳鸣而痛苦。问了吴竹如,他说只有静养这个法子,不是药物所能解决的。可是应酬一天天繁多,我又一向性子浮躁,哪里能实实在在静养呢。我打算搬到内城住,可以省掉一半没有意义的人情往来,现在房子还没有找到。我时刻悔恨始终没有能够洗涤自新。九弟回去以后,我决定单日读经、偶日读史。读经常常懒散不沉着。读《后汉书》,目前已用朱笔点注过八本,虽说都不记得,但比去年读《前汉书》领会要深刻些。九月十一日起,一同做功课的人商议:每次课作一文写一诗,就在当天申刻用白折子写好。我的文章和诗被一同做功课的几个人极力称赞,但我在八股文方面绝对没有真实功夫,虽感激诸君殷勤勉励推许,实则自己内心更觉惭愧。等下次信差来,可以托付他带几篇课文回家。我平时在家懒得做考差功夫,就借这课业来磨炼考试的本事,大概也不至于临场窘迫吧。

吴竹如近日往来极密,来则作竟日之谈[①],所言皆身心国家大道理。渠言有窦兰泉者,垿,云南人。见道极精当平实。窦亦深知予者,彼此现尚未拜往。竹如必要予搬进城住[②],盖城内镜海先生可以师事,倭艮峰先生、窦兰泉可以友事。师友夹持,虽懦夫亦有立志。予思朱子言："为学譬如熬肉，先须用猛火煮，然后用慢火温。"予生平工夫，全未用猛火煮过，虽略有见识，乃是从悟境得来。偶用功，亦不过优游玩索已耳。如未沸之汤，遽用慢火温之，将愈煮愈不熟矣。以是急思搬进城内，屏除一切，从事于克己之学。镜海、艮峰两先生亦劝我急搬。而城外朋友，予亦有思常见者数人，如邵蕙西、吴子序、何子贞、陈岱云是也。蕙西尝言："与周公瑾交[3]，如饮醇醪。"我两人颇有此风味，故每见辄长谈不舍。子序之为人，予至今不能定其品，然识见最大且精。尝教我云："用功譬若掘井，与其多掘数井而皆不及泉，何若老守一井，力求及泉而用之不竭乎？"此语正与予病相合，盖予所谓"掘井多而皆不及泉"者也。何子贞与予讲字极相合，谓我真知大源，断不可暴弃[4]。予尝谓天下万事万理皆出于乾坤二卦，即以作字论之："纯以神行，大气彭荡，脉络周通，潜心内转，此乾道也；结构精巧，向背有法，修短合度，此坤道也。凡乾，以神气言；凡坤，以形质言。礼乐不可斯须去身[5]，即此道也。乐本于乾，礼本于坤。作字而优游自得真力弥满者，即乐之意也；丝丝入扣、转折合法，即礼之意也。"偶与子贞言及此，子贞深以为然，谓渠生平得力，尽于此矣。陈岱云与吾处处痛痒相关，此九弟所知者也。

〔注释〕

①竟日：终日，从早到晚，整天。

②要：邀。

③周公瑾：三国吴周瑜字公瑾。

④暴弃：不求上进，不自爱。

⑤斯须：一会儿的工夫，片刻。

〔译文〕

吴竹如近日与我往来很密，来了便要做整天的谈话，所说的都是关于修身养性、治国齐家的大道理。他说有个叫窦兰泉的，名垿，云南人，悟道非常精当平实。窦对我也很了解，我们彼此之间还没有拜访过。吴竹如坚持邀我搬进城里住，因为城里有唐镜海先生可以做老师，倭艮峰先生和窦兰泉先生可以做朋友。师友两相扶持，就是一个懦夫也会立志。我想起朱子说过："做学问好比熬肉，先要用猛火煮，然后用慢火温。"我生平的工夫，全没用猛火煮过，虽然有些见识，也是从悟境中得到的。偶尔用功，也不过优游玩味罢了。好比没有煮开的汤，马上用慢火温，越温越不熟。因此，我也急于想搬进城里去，排除一切杂念，从事于克己修身的学问。镜海、艮峰两先生也劝我快搬。而城外的朋友，也有我想常常见面的几个人，如邵惠西、吴子序、何子贞、陈岱云。惠西曾说："与周公瑾交朋友，如喝醇酒。"我们两人交往很有这种风味，所以每次见面就长谈，舍不得分手。吴子序的为人，我至今不能判定他的品味，但他的见识最是博大精深。他曾教导我说："用功好比挖井，与其挖好几口井而不见泉水，还不如老挖一口井，努力挖到看见泉水为止，那不就能取之不尽、用之不竭了吗？"这几句话正切合我的毛病，因为我就是所谓的"挖井多而不见泉水"的人。何子贞与我讨论书法见解很一致，说我真的懂得书法的诀窍，绝不可自暴自弃。我曾说天下万事万理都从《乾》《坤》二卦来，就以书法来说："纯粹用神韵去写，周身大气鼓荡，脉络周通，聚精会神，心气流转，这就是《乾》卦的道理；讲究结构精巧，向背有法，长短合规矩，这就是《坤》卦的道理。《乾》，从神韵而言；《坤》，从形体而论。礼乐不可一刻离身，也是这个道理。乐，本于《乾》道；礼，本于《坤》道。写字而优游自得，真力弥满，就是乐的境界；而丝丝入扣、转折合法，就是礼的意味了。"偶尔与子贞谈到这些，子贞觉得很对，说他生平得力，全在这些了。陈岱云和我处处痛痒相关，这是九弟所知道的。

写至此，接得家书，知四弟、六弟未得入学，怅怅[①]。然科名有无迟早，总由前定，丝毫不能勉强。吾辈读书，只有两事：一者进德之事，讲求乎诚正修齐之道，以图无忝所生[②]；一者修业之事，操习乎记诵词章之术，以图自卫其身。进德之事，难于尽言。至于修业以卫身，吾请言之：卫身莫大于谋食。农工商，劳力以求食者也；士，劳心以求食者也。故或食禄于朝、教授于乡，或为传食之客，或为入幕之宾，皆须计其所业足以得食而无愧。科名者，食禄之阶也，亦须计吾所业将来不至尸位素餐，而后得科名而无愧。食之得不得，究通[③]，由天作主；予夺[④]，由人作主。业之精不精，则由我作主。然吾未见业果精而终不得食者也。农果力耕，虽有饥馑，必有丰年；商果积货，虽有壅滞，必有通时；士果能精其业，安见其终不得科名哉？即终不得科名，又岂无他途可以求食者哉？然则特患业之不精耳。求业之精，别无他法，曰专而已矣。谚曰："艺多不养身。"谓不专也。吾掘井多而无泉可饮，不专之咎也。诸弟总须力图专业。如九弟志在习字，亦不必尽废他业，但每日习字工夫，断不可不提起精神，随时随事皆可触悟。四弟、六弟，吾不知其心有专嗜否，若志在穷经，则须专守一经；志在作制义⑤，则须专看一家文稿；志在作古文，则须专看一家文集；作各体诗亦然；作试帖亦然⑥。万不可以兼营并骛。兼营则必一无所能矣。切嘱切嘱！千万千万！此后写信来，诸弟各有专守之业，务须写明，且须详问极言，长篇累牍，使我读其手书，即可知其志向识见。凡专一业之人，必有心得，亦必有疑义。诸弟有心得，可以告我，共赏之；有疑义，可以告我，共析之。且书信既详，则四千里外之兄弟不啻晤言一室⑦，乐何如乎！予生平于伦常中，惟兄弟一伦抱愧尤深。盖父亲以其所知者尽以教我，而我不能以吾所知者尽教诸弟，是不孝之大者也。九弟在京年余，进益无多，每一念及，无地自容。嗣后我写诸弟信，总用此格纸，弟宜存留，每年装订成册。其中好处，万不可忽略看过。诸弟写信寄我，亦须用一色格纸，以便装订。

〔注释〕

①怅怅：失意的样子。

②无忝：不玷辱，不羞愧。

③究通：困厄与显达。

④予夺：给予和剥夺。

⑤制义：八股文的别名。

⑥试帖：试帖诗。唐代明经科试士之法。在试卷上抄录一段经文，另用他纸覆在上面，中开一行，显露字句，被试者即据以补上下文。

⑦晤言：见面谈话，当面谈话。

〔译文〕

写到这里，接到家信，知道四弟、六弟没有入学，心中怅然。但是科名的有和无、早或迟，都是命中注定的，一点不能勉强。我们读书，只有两件事：一是进德，讲求诚意、正心、修身、齐家的道理，以做到不负一生；一是修业，操习记诵词章的技巧，以做到能够谋身。进德的事，难以尽言。至于学习一门技术来谋身，我且来说一说：谋身没有比谋生更大的事了。农民、工人和商人都是通过劳力来谋生；士人，则是通过劳心来谋生。因此，士人或者在朝廷当官拿俸禄，或者在乡里教书以糊口，或者在富贵人家当食客，或者给达官贵人做幕僚，都要看他所修的专业是不是可以谋生而无愧于心。科名，是当官拿俸禄的阶梯，也要衡量自己学业如何，将来不至于尸位素餐，然后才能得了科名而心里不感惭愧。谋生谋得谋不得，困厄与显达，由天做主；给予和剥夺，由人做主。只有专业精通还是不精通，是由我们自己做主。但我没有见过专业很精通而最终却不能谋生的。农夫如果努力耕种，即使会遇到饥荒，但一定有丰年；商人如果积藏了货物，即使会有积压，但一定会有畅销的时侯；读书人如果能精通学业，那怎见得他不会有科名呢？就算最终得不到科名，又怎见得不会有其他谋生的途径呢？因此说只怕专业不精啊。要想专业精通，没有别的办法，只有专一罢了。谚语说："技艺多了就不能够养身。"说的就是不专啊。我挖井多而没有泉水可饮，就是不专造成的后果。各位弟弟要力求专业。如九弟志在书法，也不必废弃其他，但每天下工夫写字时，断然不可不提起精神，随时随地任何事都可以触动灵感。四弟和六弟，我不知道他们心里有专门的爱好没有，如果志向在研习经籍，那么应该专门研究一种经典；如果志向在八股文，那么应该专门研究一家的文稿；如果志向在作古文，那么应该专门揣摩一家文集；作各种体裁的诗也一样；学作试帖诗也是一样的。万万不可以什么都学，心有旁骛。样样都学，一定会一无所长。千万牢记！千万千万！以后写信来，各位弟弟专攻的学业，务必写明，并且要详细说明，详述自己的心得，长篇累牍地写，使我读了之后，就可以知道你们的志趣和见识。凡是能够专务一门的人，一定会有心得，也一定有很多疑问。弟弟们有心得，可以告诉我，我们一起欣赏；有疑问，可以问我，我们一起来分析。并且信写得详细，那么远在四千里外的兄弟们也好像在一间房里当面谈论一样，那是何等快乐啊！我此生对于伦常，只对兄弟这一伦愧疚最深。因为父亲以他所知道的尽力教我，而我不能把我所知道的都教给弟弟们，真是大不孝啊。九弟在京一年多，进步实在不多，每当想起此事，我真是无地自容。以后我给弟弟们写信，都用这种格子纸，弟弟们最好留着，每年订成一册。其中好的地方，千万不可以随便看过就算了。弟弟们写信寄给我，也要用一色格子纸，以便装订成册。

谢果堂先生出京后,来信并诗二首。先生年已六十余,名望甚重,与予见面辄彼此倾心,别后又拳拳不忘[①],想见老辈爱才之笃。兹将诗并予送诗附阅,传播里中[②],使共知此老为大君子也。

〔注释〕

①拳拳:诚恳、深切的样子。

②里中:同里的人,乡亲。

〔译文〕

谢果堂先生离开京城后,寄来一封信和两首诗。先生已经六十多岁,名望很高,与我一见面就彼此有好感,分别后又念念不忘,可以想见老一辈爱才是何等深切。现在将先生送我的诗和我送先生的诗一起随信寄给你们看,在乡亲中传播,让大家都知道这位老先生是一位大君子。

予有大铜尺一方,屡寻不得,九弟已带归否?频年寄黄英白菜子,家中种之,好否?在省时已买漆否?漆匠果用何人?信来并祈详示。

兄国藩手具[①]。

〔注释〕

①手具:亲笔。具,办理。

〔译文〕

我有大铜尺一方，找了多次也找不到，是不是九弟带回老家了？连年寄黄英白菜籽，家里种得可好？在省城的时候，是否已经买漆？漆匠到底用的哪一个？回信时盼望详细告知。

兄国藩亲笔。

2.道光二十二年十月二十六日致诸弟·读书人，必从事于《大学》

〔题解〕

曾国藩认为：只要自称为读书人，就一定要在《大学》上下工夫。《大学》的纲领有三点：明德、新民、止至善。这三点纲领都是我们分内的事情，即如果读书不能落实到自己身上去，那读书还有什么用呢？曾国藩进一步指出：《大学》中最有用的条目是格物和诚意。格物，致知的事情。诚意，力行的事情。

诸位贤弟足下①：

十月廿一，接九弟在长沙所发信，内途中日记六叶②，外药子一包。廿二，接九月初二日家信，欣悉以慰！

〔注释〕

①刻本本篇无抬头称呼，观下文当是与诸弟书。

②叶：书页。

〔译文〕

诸位贤弟足下：

十月二十一日，接到九弟在长沙寄出的信，里面有路上日记六页，外附药子一包。二十二日，接到九月初二日家里寄来的信，一切情况都已知道，很欣慰！

自九弟出京后，余无日不忧虑，诚恐道路变故多端，难以臆揣。及读来书，果不出吾所料，千辛万苦，始得到家。幸哉幸哉！郑伴之不足恃①，余早已知之矣。郁滋堂如此之好，余实不胜感激。在长沙时，曾未道及彭山屺，何也？又为祖母买皮袄，极好极好，可以补吾之过矣。

〔注释〕

①不足恃：靠不住。

〔译文〕

自从九弟离开京城后，我没有一天不担忧，生怕在路上变故太多，难以预料。等读了弟弟的来信，果然不出我所料，历尽千辛万苦，才得以到家。真是幸运！同行的郑家不足以依靠，我早就知道了。郁滋堂这样好，我实在感激不尽。在长沙时，竟没有提到彭山屺，为什么呢？又，弟弟为祖母买皮袄，极好极好，可以弥补我的罪过。

观四弟来信甚详，其发奋自励之志溢于行间；然必欲找馆出外[1]，此何意也？不过谓家塾离家太近[2]，容易耽搁，不如出外较清净耳。然出外从师，则无甚耽搁；若出外教书，其耽搁更甚于家塾矣。且苟能发奋自立，则家塾可读书，即旷野之地、热闹之场，亦可读书，负薪牧豕[3]，皆可读书。苟不能发奋自立，则家塾不宜读书，即清净之乡、神仙之境，皆不能读书。何必择地，何必择时，但自问立志之真不真耳。

〔注释〕

①馆：此处指教学的地方。

②家塾：在家中延师教授子弟的场所。

③牧豕(shǐ)：即牧豕听经，一面放猪，一面听讲。比喻求学努力。典出《后汉书·承宫列传》：东汉时承宫为人牧豕而听讲春秋，勤学不倦。

〔译文〕

我看四弟来信写得很详细，发奋自励的志向流露在字里行间；但一定要出外找学堂，这是什么意思？四弟不过是说家塾离家里太近，容易耽搁，不如外头安静。然而如果是到外面跟老师读书，那自然没有什么耽搁；但如果是出外教书，那耽搁起来比在家塾里还厉害。而且一个人若能发奋自立，那么家塾可以读书，就是荒郊野外、热闹场所，也可以读书，即使背柴放牧，也都可以读书。如不能发奋自立，那么不但家塾不宜读书，就是清静的地方、神仙居住的环境，都不能读书。不必要选择地方，不必要选择时间，只要问自己是不是真的要立志读书就行了。

六弟自怨数奇，余亦深以为然。然屈于小试①，辄发牢骚，吾窃笑其志之小而所忧之不大也。君子之立志也，有民胞物与之量②，有内圣外王之业③，而后不忝于父母之生④，不愧为天地之完人⑤。故其为忧也，以不如舜、不如周公为忧也，以德不修、学不讲为忧也。是故顽民梗化⑥，则忧之；蛮夷猾夏⑦，则忧之；小人在位、贤才否闭⑧，则忧之；匹夫匹妇不被己泽，则忧之。所谓悲天命而悯人穷，此君子之所忧也。若夫一身之屈伸、一家之饥饱，世俗之荣辱得失、贵贱毁誉，君子固不暇忧及此也。六弟屈于小试，自称数奇，余窃笑其所忧之不大也。

〔注释〕

①小试：科举时代选拔秀才的考试。也称为“小考”。

②民胞物与：视人民如同胞，视动物如同类。指泛爱一切人和物。语出宋张载《西铭》：“民，吾同胞；物，吾与也。”意谓世人皆为我的同胞，万物俱是我的同类。

③内圣外王：内备圣人之德、外具王者之风。古代修身为政的最高理想。谓内备圣人之至德，施之于外，则为王者之政。

④不忝：不辱，不愧。

⑤完人：人格圆满，道德、学识、行为毫无缺点的人，指完美的、没有缺点的人。

⑥顽民:本指殷代遗民中坚决不服从周朝统治的人。此泛指愚妄不化的人。梗化:顽固不服从教化。

⑦蛮夷:古代泛指华夏中原民族以外的少数民族。猾夏:侵扰华夏、中国。

⑧否闭:闭塞不通,没有机会。

〔译文〕

六弟埋怨自己的命运不好,我也深有同感。但只是小考试失利就发牢骚,我暗笑他志向太小,而心中所忧虑的不够大。君子立志,有泛爱一切人和物的器量,以内圣外王为功业,才不愧于父母的生育之恩,不愧为天地间一个完人。因此君子的忧虑,是因为自己不如舜帝、不如周公而忧虑,是因为自己德行没有修到家、学问没有大成而忧虑。因此顽固的刁民难以教化,君子会忧虑;野蛮的夷狄侵扰华夏,君子会忧虑;小人在位、贤人没有机会,君子会忧虑;普通百姓没有得到自己的恩泽,君子会忧虑。通常所说的为天命无常而悲哀、因人民困苦而怜悯,这才是君子的忧虑。如果只是一个人的曲折与顺利、一家的贫寒与温饱,以及世俗所说的荣耀与耻辱、得到与失去、富贵与贫贱、诋毁与赞誉,君子是没有工夫去忧虑这些的。六弟因一次小考试不成功便说自己命不好,我暗笑他所忧虑的对象太渺小了。

盖人不读书则已,亦既自名曰读书人,则必从事于《大学》①。《大学》之纲领有三:明德、新民、止至善②,皆我分内事也。若读书不能体贴到身上去,谓此三项与我身了不相涉,则读书何用?虽使能文能诗、博雅自诩,亦只算得识字之牧猪奴耳，岂得谓之明理有用之人也乎？朝廷以制艺取士[3]，亦谓其能代圣贤立言，必能明圣贤之理，行圣贤之行，可以居官莅民，整躬率物也[4]。若以明德、新民为分外事，则虽能文能诗，而于修己治人之道实茫然不讲，朝廷用此等人作官，与用牧猪奴作官，何以异哉？

〔注释〕

①《大学》：原为《礼记》中的一篇，相传为曾子所撰，论格物、致知、诚意、正心、修身、齐家、治国、平天下之道。至宋朱熹为之集注，与《中庸》《论语》《孟子》合称为“四书”。

②明德：光明之德，光明的德性。新民：使民更新，使人精神面貌焕然一新。止至善：止于至善。达到德行最完善的境界，达到极完美的境界。

③制艺：八股文的别名。八股文是明清科举考试的一种文体，也称制义、制艺、时文、八比文。八股文章就“四书五经”取题，内容必须用古人的语气，绝对不允许自由发挥，而句子的长短、字的繁简、声调高低等也都要相对成文，字数也有限制。

④整躬率物：整饬自己的言行仪态，以成为部属或人民的表率。

〔译文〕

人不读书便罢了，只要自称为读书人，就一定要在《大学》上下工夫。《大学》的纲领有三点：明德、新民、止至善，都是我们的分内事情。如果读书不能落实到自己身上去，说这三点与我毫不相干，那读书又有什么用呢？就算能写文章、能作诗，以博学多闻、品行雅正自诩，也只算得一个识字的牧猪奴而已，岂可叫明白事理的有用人才？朝廷以八股文来录取士人，也是认为他既然能代替圣贤立言，必然能明白圣贤所说的道理，能按圣贤的行为准则做事，可以为官管理民众，能够整饬自己的言行仪态为天下人做表率。如果将明德、新民当作分外事，那就算能文能诗，但对于修己治人的道理茫然不知，朝廷用这种人做官，和用牧猪奴做官又有什么区别呢？

然则既自名为读书人，则《大学》之纲领皆己身切要之事明矣。其条目有八。自我观之，其致功之处，则仅二者而已：曰格物[①]，曰诚意。格物，致知之事也[②]。诚意，力行之事也。物者何？即所谓本末之物也。身、心、意、知、家、国、天下，皆物也。天地万物，皆物也。日用常行之事，皆物也。格者，即物而穷其理也。如事亲定省，物也。究其所以当定省之理，即格物也。事兄随行，物也。究其所以当随行之理，即格物也。吾心，物也。究其存心之理，又博究其省察涵养以存心之理[③]，即格物也。吾身，物也。究其敬身之理[④]，又博究其立齐坐尸以敬身之理[⑤]，即格物也。每日所看之书，句句皆物也。切己体察，穷究其理，即格物也。此致知之事也。所谓诚意者，即其所知而力行之，是不欺也。知一句便行一句，此力行之事也。此二者并进，下学在此[⑥]，上达亦在此[⑦]。

〔注释〕

①格物:探究万物之理,穷究事物的道理。

②致知:推极知识,获得知识。儒家哲学用语。语出《礼记·大学》:"致知在格物。"历代儒家学者对此有不同解释。汉郑玄认为"致知"是使人"知善恶吉凶之所终始";宋朱熹认为"致,推极也;知,犹识也。推极吾之知识,欲其所知无不尽也";明王守仁则认为"致知"即"致吾心之良知"。

③省察:自省,反省检查自己。涵养:修养道德。指内心的修炼功夫。用滋润熏陶的方式修身养性。

④敬身:敬重自身。

⑤立齐坐尸:立如齐(斋)、坐如尸。意谓立的时候要像斋戒时一样端庄,坐的时候要像为尸时一样肃穆。齐,同"斋",指斋戒祭祀。尸,古代祭祀时,代表死者受祭的人。

⑥下学:从身边的事物开始学习。指学习粗浅的入门功夫,了解人情事理的基本常识。

⑦上达:晓达德义。指通晓学问的根本精神。

〔译文〕

既然自称读书人,那么《大学》的纲领,都是自己立身切要的事情,不言自明。《大学》应修的条目共有八个方面。但我看来,最有用的只有两条而已:一是格物,一是诚意。格物,是致知的事情。诚意,是力行的事情。物是什么?就是各种大小巨细之事。身、心、意、知、家、国、天下,都是物。天地万物,都是物。日常生活中所做的各种事情,也都是物。所谓格,是指对具体事务进行研究,穷尽它的道理。譬如侍奉父母,早晚请安,是物。探究为什么要早晚定时向父母请安的道理,就是格物。尊重兄长，时时跟随身后，是物。探究为什么要时时跟随在兄长身后的理由，就是格物。我的心，是物。探究安放本来之心的道理，并进一步研究如何通过自省、自察、涵养等功夫来安放本来之心的道理，就是格物。我的身体，是物。探究如何敬惜身体的道理，并进一步研究如何通过庄重恭敬地站、起、坐、卧来敬惜自己身体的道理，就是格物。每天所看的书，句句都是物。将书中说的落实到自己身上，细细体会，深究其中的道理，就是格物。这都是致知的事。所谓诚意，就是根据自己领悟的道理努力去做，不自欺欺人。领悟一句的道理便按这一句的道理去做，这是力行的事。这两个方面要齐头并进，所谓的了解人情事理的基本常识在这里，所谓的通晓学问的根本精神也在这里。

吾友吴竹如格物工夫颇深，一事一物，皆求其理。倭艮峰先生则诚意工夫极严，每日有日课册。一日之中，一念之差，一事之失，一言一默，皆笔之于书，书皆楷字。三月则订一本。自乙未年起[①]，今三十本矣。盖其慎独之严[②]，虽妄念偶动，必即时克治，而著之于书。故所读之书，句句皆切身之要药。兹将艮峰先生日课，抄三叶付归，与诸弟看。

〔注释〕

①乙未年：道光十五年，即 1835 年。

②慎独：在独处中谨慎不苟。语出《礼记 · 大学》："此谓诚于中，形于外，故君子必慎其独也。"

〔译文〕

我的朋友吴竹如格物功夫很深，一事一物，都要讲求它的道理。倭艮峰先生诚意功夫很严，每天都记日课册子。一天之中，一个念头的差错，一件事情的过失，说了什么话、对某事保持沉默，都要用笔记下来，字都是正楷。三个月则订一本。从乙未年起，至今已订了三十本。因他在慎独方面对自己要求严格，即使出现妄念偶动，必定马上克服，且写在日课册上。因此他读的书，句句都是切合自身的良药。现将艮峰先生日课抄三页寄回，给弟弟们看。

余自十月初一日起，亦照艮峰样，每日一念一事，皆写之于册，以便触目克治①，亦写楷书。冯树堂与余同日记起，亦有日课册。树堂极为虚心，爱我如兄，敬我如师，将来必有所成。余向来有无恒之弊，自此次写日课本子起，可保终身有恒矣。盖明师益友，重重夹持，能进不能退也。本欲抄余日课册付诸弟阅，因今日镜海先生来，要将本子带回去，故不及抄。十一月有折差，准抄几叶付回也。

〔注释〕

①克治：克制私欲邪念。

〔译文〕

我从十月初一日起，也学艮峰那样，每天的一个念头、一件事情都写在册子上，以便随时看见了加以克服，也写正楷。冯树堂和我同一天开始记事，也有日课册子。树堂非常虚心，爱护我如同兄长，敬重我如同老师，他将来一定有所成就。我向来有无恒心的毛病，从这回写日课本子开始，可以保证一生有恒心了。因为明师益友们屡屡帮助我，所以我只能进不能退。本想抄我的日课册给弟弟们看，但今天镜海先生过来，要将本子带回去，所以来不及抄。十一月有信差，准定抄几页寄回。

余之益友，如倭艮峰之瑟僩①，令人对之肃然。吴竹如、窦兰泉之精义，一言一事，必求至是。吴子序、邵蕙西之谈经，深思有辨。何子贞之谈字，其精妙处，无一不合，其谈诗尤最符契②。子贞深喜吾诗，故吾自十月来，已作诗十八首，兹抄二叶付回，与诸弟阅。冯树堂、陈岱云之立志，汲汲不遑③，亦良友也。镜海先生，吾虽未尝执贽请业④，而心已师之矣。

〔注释〕

①瑟僩(xiàn)：瑟，仪容庄重。僩，神态威严。语出《国风·卫风·淇奥》："瞻彼淇奥，绿竹猗猗。有匪君子，如切如磋，如琢如磨。瑟兮僩兮，赫兮咺兮。"

②符契：符合。

③汲汲：形容急切的样子。不遑(huáng)：无暇，没有时间。

④贽(zhì)：古代初次拜见尊长所送的礼物。

〔译文〕

我的益友，如倭艮峰端庄宽厚，令人肃然起敬。吴竹如、窦兰泉精研义理，每一句话、每一件事，必能实事求是。吴子序、邵蕙西讨论经学，深思明辨。何子贞谈论书法，精妙之处，与我无一不合，他谈论诗学同我尤其意见一致。子贞很喜欢我的诗，所以我从十月以来，已作了十八首诗，现抄两页寄回，给弟弟们看。冯树堂、陈岱云有志于学，急切紧张，全然无暇他顾，他们也是我的良友。镜海先生，我虽然没有拿着礼物去请求授业，而心里早已当他是老师了。

吾每作书与诸弟，不觉其言之长，想诸弟或厌烦难看矣。然诸弟苟有长信与我，我实乐之，如获至宝[①]，人固各有性情也。

〔注释〕

①如获至宝：好像得到了最珍贵的宝物一样高兴。形容对所得的东西十分珍爱。

〔译文〕

我每次写信给诸位弟弟，不觉得写得长，我想诸位弟弟或者觉得厌烦不想看。然而弟弟们如果写长信给我，我实在很快乐，如同得到无价之宝一般。人真是各有各的性格啊！

余自十月初一起记日课，念念欲改过自新。思从前与小珊有隙，实是一朝之忿[①]，不近人情，即欲登门谢罪。恰好初九日小珊来拜寿，是夜余即至小珊家久谈。

十三日与岱云合伙请小珊吃饭，从此欢笑如初，前隙尽释矣。金竺虔报满用知县，现住小珊家。喉痛月余，现已全好。李笔峰在汤家如故。易莲舫要出门就馆，现亦甚用功，亦学倭艮峰者也。同乡李石梧已升陕西巡抚。两大将军皆锁拿解京治罪，拟斩监候②。英夷之事业已和抚，去银二千一百万两，又各处让他码头五处。现在英夷已全退矣。两江总督牛鉴亦锁解刑部治罪。

近事大略如此，容再续书。

兄国藩手具。

〔注释〕

①一朝之忿：一时激发的愤恨。

②斩监候：斩候决。明清时代将重刑犯暂时收监，待秋审、朝审后，再决定是否执行，称为“斩监候”。

〔译文〕

我从十月初一日起记日课，一心一意想改过自新。回想从前与小珊有嫌隙，实在是一时的气愤，不近人情，本打算登门谢罪。恰好初九日小珊来拜寿，当天夜里我就到小珊家谈了很久。十三日与岱云一起请小珊吃饭，从此欢笑如初，以前的嫌隙烟消云散。金竺虔见习期满，被任用为知县，现在住在小珊家。他喉咙痛了一个多月，现在已经全好了。李笔峰在汤家还是老样子。易莲舫打算出门找学堂教书，现在也很用功，他也是学倭艮峰的。同乡李石梧已升任陕西巡抚。两位大将军已经锁拿归案，押送到京治罪，判刑斩候决。英国鬼子的事情已经和谈安抚，耗去白银二千一百万两，又在各处让给他五处码头通商。现在英国鬼子已经全部退兵。两江总督牛鉴也锁解到刑部治罪。

近来的事情大致这样，容我以后再写。

兄国藩亲笔。

3.道光二十二年十二月二十日
致诸弟·自立课程，日日不断

〔**题解**〕

曾国藩非常重视诸弟的学业，强调“士人读书，第一要有志，第二要有识，第三要有恒”，并且根据自身经验对弟弟们提出建议：“诸弟每人自立课程，必须有日日不断之功，虽行船走路，俱须带在身边。”他建议弟弟们每人自己设立课程，必须要有天天不间断的功夫，就是行船走路，也要带在身边，“誓终身不间断也”。

诸位贤弟足下：

十一月十七寄第三号信，想已收到。父亲到县纳漕[①]，诸弟何不寄一信，交县城转寄省城也？以后凡遇有便[②]，即须寄信。切要切要！九弟到家，遍走各亲戚家，必各有一番景况，何不详以告我？

〔注释〕

①纳漕:缴纳漕粮。漕粮是我国封建时代由东南地区漕运京师的税粮。辛亥革命后改征货币,漕粮名存实亡。

②有便:犹得便。

〔译文〕

诸位贤弟足下:

十一月十七日寄的第三封信,料想已经收到。父亲到县城缴纳漕税,弟弟们为何不寄一封信交由县城转寄省城呢?以后凡是遇得便,就应该寄信。此事极其重要!九弟到家,遍走各亲戚家,各家一定有各家的情况,为什么不详细告诉我?

四妹小产①,以后生育颇难,然此事最大,断不可以人力勉强,劝渠家只须听其自然,不可过于矜持。又闻四妹起最晏②,往往其姑反服事他③,此反常之事,最足折福④,天下未有不孝之妇而可得好处者,诸弟必须时劝导之,晓之以大义。

〔注释〕

①小产:怀孕不足月而流产。

②晏:迟,晚。

③姑:婆母。

④折福:折损福分之意。因过分享用、糟蹋粮食,或承受不合理的财物,或妄受推崇等而减少了原有的福分或缩短原有的寿命。佛教及中国

民间信仰用语。佛教认为浪费、对父母不孝等行为是导致折福的原因。

〔译文〕

四妹流产，以后生育很难，但这件事最大，绝不可以人力去勉强，劝她家且听其自然，不宜过于固执。又听说四妹起床最迟，往往是她的婆母服侍她，这是反常的事情，最容易折损福泽。天下没有不孝的媳妇可以得好处的，弟弟们要时时劝导她，教给她人伦大义。

诸弟在家读书，不审每日如何用功？余自十月初一立志自新以来，虽懒惰如故，而每日楷书写日记，每日读史十叶，每日记《茶余偶谈》一则，此三事未尝一日间断。十月廿一日立誓永戒吃水烟，洎今已两月不吃烟①，已习惯成自然矣。予自立课程甚多，惟记《茶余偶谈》、读史十叶、写日记楷本，此三事者，誓终身不间断也。诸弟每人自立课程，必须有日日不断之功，虽行船走路，俱须带在身边。予除此三事外，他课程不必能有成，而此三事者将终身以之。

〔注释〕

①洎(jì)：到，及。

〔译文〕

弟弟们在家读书，不知道每天是如何用功的？我自十月初一日立志自新以来，虽还像从前一样懒惰，而每天用楷书写日记，读史书十页，记《茶余偶谈》一则，这三件事没有间断过一天。十月二十一日，我发誓永远戒掉吃水烟，至今已经两个月不吃了，习惯已成自然了。我自己设的课程很多，只有记《茶余偶谈》、读史书十页、用楷书写日记，这三件事，发誓终身不间断。弟弟们每人自己设立课程，必须要有天天不间断的功夫，就是行船走路，也都要带在身边。我除这三件事以外，其他课程不一定能成功，但这三件事将终身实行。

前立志作《曾氏家训》一部，曾与九弟详细道及。后因采择经史，若非经史烂熟胸中，则割裂零碎，毫无线索；至于采择诸子各家之言，尤为浩繁，虽抄数百卷，犹不能尽收。然后知古人作《大学衍义》《衍义补》诸书①，乃胸中自有条例，自有议论，而随便引书以证明之，非翻书而遍抄之也。然后知著书之难。故暂且不作《曾氏家训》，若将来胸中道理愈多，议论愈贯串，仍当为之。

〔注释〕

①《大学衍义》：南宋著名理学家真德秀所作，继承朱子思想，发挥《大学》奥义。《衍义补》：《大学衍义补》，明儒丘濬撰。是一部阐发《大学》经义，论述“治国平天下之道”的儒学著作。

〔译文〕

以前我立志作一部《曾氏家训》，曾经与九弟详细说过。后来因为采择经学、历史之书，如果不是经史烂熟胸中，那么会觉得材料割裂零碎，毫无线索；至于采择诸子百家的言论，工作尤其浩繁，即使抄上几百卷，还是不能收罗完全。然后才知道古人作《大学衍义》《衍义补》这些书，真是胸中自有条例，自有议论，而后随意引证古书来证明，并不是翻书遍抄。此后我才知道著书有多难。所以暂时不作《曾氏家训》，如果将来胸中明白道理多了，议论也更能贯通圆融，仍旧还是要作的。

现在朋友愈多：讲躬行心得者，则有镜海先生、艮峰前辈、吴竹如、窦兰泉、冯树堂；穷经知道者①，则有吴子序、邵蕙西；讲诗文字而艺通于道者，则有何子贞；才气奔放，则有汤海秋；英气逼人，志大神静，则有黄子寿。又有王少鹤，名锡振，广西主事，年廿七岁，张筱浦之妹夫。朱廉甫，名琦，广西乙未翰林。吴莘畬，名尚志，广东人，吴抚台之世兄。庞作人，名文寿，浙江人。此四君者，皆闻予名而先来拜，虽所造有浅深，要皆有志之士，不甘居于庸碌者也。京师为人文渊薮②，不求则无之，愈求则愈出。近来闻好友甚多，予不欲先去拜别人，恐徒标榜虚声③。盖求友以匡己之不逮④，此大益也；标榜以盗虚名，是大损也。天下有益之事，即有足损者寓乎其中，不可不辨。

〔注释〕

①穷经：极力钻研经籍。知道：明晓道理。

②人文渊薮:人文荟萃之地。渊薮,比喻人或事物集中的地方。

③虚声:虚名,虚誉。

④匡:纠正。不逮:不足之处,过错。

〔译文〕

现在朋友越来越多:讲求实践心得的,有镜海先生、艮峰前辈、吴竹如、窦兰泉、冯树堂;钻研经籍领悟大道的,有吴子序、邵蕙西;讲求诗词、文章、书法这些艺术且能上升到道的,则有何子贞;才气奔放的,则有汤海秋;英气逼人、志向远大而精神安静的,则有黄子寿。又有王少鹤,名锡振,广西主事,二十七岁,是张筱浦的妹夫。朱廉甫,名琦,广西乙未翰林。吴莘畬,名尚志,广东人,吴抚台的公子。庞作人,名文寿,浙江人。这四位都是听说了我的名声而来拜访的,虽说他们的学问有深浅,却都是有志之士,不甘居于庸碌之辈的人物。京城是人文荟萃之地,不去探求便没有,越去探求就越多。近来听说值得交往的朋友很多,我不想先去拜访别人,恐怕徒然标榜虚名。结交朋友是用以匡正自己不足的,这样大有益处;自我标榜以盗取虚名,是会大受其害的。天下有获益的事,便有不益的事包含其中,不可不加以辨别。

黄子寿近作《选将论》一篇,共六千余字,真奇才也!子寿戊戌年始作破题①,而六年之中,遂成大学问,此天分独绝,万不可学而至,诸弟不必震而惊之。予不愿诸弟学他,但愿诸弟学吴世兄、何世兄。吴竹如之世兄,现亦学艮峰先生写日记,言有矩、动有法、其静气实实可爱！何子贞之世兄，每日自朝至夕，总是温书，三百六十日，除作诗文时，无一刻不温书，真可谓有恒者矣。故予从前限功课教诸弟，近来写信寄弟从不另开课程，但教诸弟有恒而已。盖士人读书，第一要有志，第二要有识，第三要有恒。有志则断不甘为下流。有识则知学问无尽，不敢以一得自足，如河伯之观海，如井蛙之窥天，皆无识者也。有恒则断无不成之事。此三者缺一不可。诸弟此时惟有识不可以骤几②，至于有志，有恒，则诸弟勉之而已。予身体甚弱，不能苦思，苦思则头晕；不耐久坐，久坐则倦乏。时时属望③，惟诸弟而已。

〔注释〕

①破题：唐宋人诗赋及明清八股文的起首，用一两句话剖析题义，称为“破题”。

②骤几：立即接近。

③属望：期望。

〔译文〕

黄子寿最近写了一篇《选将论》，共六千多字，真是奇才！黄子寿戊戌年开始学作破题，而六年之中便成就了大学问，他的天分独一无二，万万不是靠积累学力而能达到的，弟弟们不必震惊。我不愿弟弟们学他，只希望弟弟们学吴公子、何公子。吴竹如的公子，现在也学艮峰先生记日记。言有规矩，行有法则，他的静气功夫实在可爱！何子贞的公子每天从早到晚总是温书，三百六十天，除了作诗文外，无一刻不是温书，真是有恒心的人。所以我从前限定你们的功课，近来写给弟弟们的信从不另开课程，只是要你们有恒心罢了。士人读书，第一要有志气，第二要有见识，第三要有恒心。有志气就绝不甘居下游。有见识就明白学无止境，不敢以一得自满自足，如河伯观海、井蛙窥天，都是缺乏见识。有恒心就绝没有不成功的事。这三个方面缺一不可。弟弟们现在只有见识不是马上可以达到一定境界的，至于有志气、有恒心，弟弟们要勉励！我身体很虚弱，不能用心苦思，苦思就头昏；不能久坐，久坐便倦乏。时刻所期望的，只有几位弟弟罢了。

明年正月，恭逢祖父大人七十大寿，京城以进十为正庆，予本拟在戏园设寿筵，窦兰泉及艮峰先生劝止之，故不复张筵①。盖京城张筵唱戏，名为庆寿，实而打把戏。兰泉之劝止，正以此故。现在作寿屏两架；一架淳化笺四大幅②，系何子贞撰文并书，字有茶碗口大；一架冷金笺八小幅③，系吴子序撰文，予自书。淳化笺系内府用纸④，纸厚如钱，光彩耀目，寻常琉璃厂无有也。昨日偶有之，因买四张。子贞字甚古雅，惜太大，万不能寄回。奈何奈何！

〔注释〕

①张筵：设宴。

②淳化笺：淳化所产名贵纸张。

③冷金笺：冷金纸。整个纸面全部涂上金粉的诗笺。笺纸上泥金称

"冷金",分有纹、无纹两种,纹有布纹、罗纹区别。

④内府:内务府的简称,是皇宫内负责监管制造器具的部门。清朝内务府主要职能是管理皇家事务。

〔译文〕

明年正月,恭逢祖父大人七十大寿,京城以十整岁做寿为正式庆典,我本准备在戏园设寿筵,窦兰泉和艮峰先生劝我不要这样做,所以不准备办了。因京城设宴唱戏,名义上叫庆寿,实际上是耍把戏。兰泉之所以劝止,就是这个缘故。现在做了寿屏两架,一架是淳化笺四大幅,是何子贞撰文并书写,字有茶碗口大;一架是冷金笺八小幅,由吴子序撰文,我自己书写。淳化笺是内府用纸,纸厚如钱币,光彩夺目,平常时候琉璃厂是没有的。日前偶尔有了,因此买了四张。子贞的字很古雅,可惜太大,绝对不能寄回。真是没办法!

侄儿甲三体日胖而颇蠢,夜间小解知自报,不至于湿床褥。女儿体好,最易扶携①,全不劳大人费心力。

〔注释〕

①扶携:提携,扶植。此意谓养育。

〔译文〕

侄儿甲三日渐长得蠢胖,夜间小便知道自己告诉大人,不至于尿湿床褥。女儿身体好,最容易带,完全不需要大人费心。

今年冬间，贺耦庚先生寄卅金，李双圃先生寄廿金，其余尚有小进项，汤海秋又自言借百金与我用。计还清兰溪、寄云外，尚可宽裕过年。统计今年除借会馆房钱外，仅借百五十金，岱云则略多些。岱云言在京已该账九百余金①，家中亦有此数，将来正不易还。寒士出身，不知何日是了也。我在京该账尚不过四百金，然苟不得差，则日见日紧矣。

书不能尽言，惟诸弟鉴察。

兄国藩手草。

〔注释〕

①该账：欠账。

〔译文〕

今年冬天，贺耦庚先生寄给我三十两银子，李双圃先生寄给我二十两银子，此外还有些小进项，汤海秋又自己说要借一百两银子给我用。算起来还清兰溪、寄云债务之外，还可以宽裕过年。总计今年除借会馆房钱外，仅仅借银一百五十两，岱云则比我借得多一些。岱云说在京城已经欠账九百多两银子，家中欠债也有这个数，将来真是不容易还清啊。贫寒士子出身，不知何日才是尽头。我在京城欠债还不过四百两银子，但是如果得不到差事，那就一天比一天窘迫了。

书不尽言，期望弟弟们鉴察。

兄国藩亲笔。

附课程表

主敬。整齐严肃，无时不俱。无事时心在腔子里，应事时专一不杂。

〔译文〕

主敬。整齐严肃，无时无刻不存畏惧之心。没事时心就保持安静，控制住身体的冲动。应对事情时心要专一，不要有杂念。

静坐。每日不拘何时，静坐一会，体验静极生阳来复之仁心。正位凝命，如鼎之镇。

〔译文〕

静坐。每天不必管什么时间，都要静坐一会儿，体验静到极点生阳来复的仁心。正襟危坐，神情凝重，如鼎一样镇定。

早起。黎明即起，醒后勿沾恋。

〔译文〕

早起。黎明时分就要起来，醒后不要恋床。

读书不二。一书未点完，断不看他书，东翻西阅，都是徇外为人①。

〔注释〕

①徇外：求索心外之理。

〔译文〕

读书专一。一部书没有圈点完，绝对不可以看其他的书，东翻翻西看看，都是求索心外之理、为他人而学。

读史。“廿三史”每日读十叶，虽有事，不间断。

〔译文〕

读史。“廿三史”每日读十页，即使有事也不间断。

写日记。须端楷。凡日间过恶：身过、心过、口过，皆记出，终身不间断。

〔译文〕

写日记。要写正楷字。凡是一天中的过错：身过、心过、口过都记下来，终身不间断。

日知其所亡①。每日记《茶余偶谈》一则，分德行门、学问门、经济门、艺术门。

〔注释〕

①亡：无，没有。

〔译文〕

每天都知道(意识到)自己所没有的东西。每天记《茶余偶谈》一则,分德行门、学问门、经济门、艺术门。

月无忘所能。每月作诗文数首,以验积理之多寡,养气之盛否。

〔译文〕

每月不忘记(那些)已经掌握的东西。每月作诗文数首,用以验证自己理学功夫积累得多还是少,正气涵养得盛还是不盛。

谨言。刻刻留心。

〔译文〕

谨慎说话。时时刻刻都要留心。

养气。无不可对人言之事。气藏丹田。

〔译文〕

养气。内心没有不能对人讲的事。气藏丹田。

保身。谨遵大人手谕:节欲,节劳,节饮食。

〔译文〕

保身。谨慎遵守父亲大人的指示:节制欲望,节制劳累,节制饮食。

作字。早饭后作字。凡笔墨应酬,当作自己功课。

〔译文〕

作字。早饭后写字。凡是笔墨应酬,当作自己做功课。

夜不出门。旷功疲神,切戒切戒!

〔译文〕

夜不出门。荒废功课,疲惫精神,千万戒除!

4.道光二十三年六月初六日
致六弟·学诗读专集,习字须有恒

〔题解〕

此篇主要讲的是学习方法:第一,所定功课不能太多,"多则必不能专";第二,无论什么书,都要从头到尾通读一遍。如果只是乱翻几页、摘抄几篇,那么就对这书的整体布局和精彩之处茫然不知;第三,学诗,读总集不如读专集;第四,习字要有恒心。

温甫六弟左右：

五月廿九、六月初一，连接弟三月初一、四月廿五、五月初一三次所发之信，并“四书”文二首，笔仗实实可爱[①]。信中有云：“于兄弟则直达其隐，父子祖孙间不得不曲致其情[②]。”此数语有大道理。余之行事，每自以为至诚可质天地[③]，何妨直情径行[④]。昨接四弟信，始知家人天亲之地，亦有时须委曲以行之者。吾过矣！吾过矣！

〔注释〕

①笔仗：书画诗文的风格。

②曲致：曲折的情致。

③至诚：极为诚恳。

④直情径行：依自己的性情率性行事。

〔译文〕

温甫六弟左右：

五月二十九日、六月初一日，我接连收到弟弟三月初一日、四月二十五日、五月初一日三次所发的信，以及“四书”文两篇，文风实在可爱。信中说：“在兄弟面前直接了当陈述自己的隐情，父子、祖孙之间，不得不委婉曲折地表达自己的想法。”这几句话有大道理。我做事常常认为出自自己的至诚之心，有天地做证，不妨依自己的性情率性行事。昨天接到四弟的信，才知道即使是至亲，有时也要委婉曲折地处理。我错了！我错了！

香海为人最好，吾虽未与久居，而相知颇深，尔以兄事之可也。丁秩臣、王衡臣两君，吾皆未见，大约可为尔之师。或师之，或友之，在弟自为审择①。若果威仪可则，淳实宏通②，师之可也。若仅博雅能文③，友之可也。或师或友，皆宜常存敬畏之心，不宜视为等夷④，渐至慢亵，则不复能受其益矣。

〔注释〕

①审择：审察选择。

②淳实：淳厚朴实。宏通：贯通，博大通彻。

③博雅：渊博雅正。能文：善于属文。

④等夷：同等，同辈，同等的人。

〔译文〕

香海为人最好，我虽然和他相处不久，但相互了解很深，你可以把他当兄长一样对待。丁秩臣、王衡臣两位，我都没有见过，大约可以做弟弟的老师。是拜他们为师，还是认他们为友，弟弟自己审察选择。如果真是威仪可为表率，为人淳厚朴实，学问博大通彻，可以拜他们为老师。如果只是渊博雅正能写文章，认作朋友就可以了。不论是拜为老师或是认作朋友，都要常抱一种敬畏的心理，不要将他们看作同辈之人，渐渐地生出怠慢、亵渎之心，那便不能再受到教益了。

尔三月之信,所定功课太多。多则必不能专,万万不可。后信言已向陈季牧借《史记》[①],此不可不熟看之书。尔既看《史记》,则断不可看他书。功课无一定呆法,但须专耳。余从前教诸弟,常限以功课,近来觉限人以课程,往往强人以所难,苟其不愿,虽日日遵照限程,亦复无益。故近来教弟,但有一"专"字耳。"专"字之外,又有数语教弟。兹特将冷金笺写出,弟可贴之座右[②],时时省览;并抄一付,寄家中三弟。

〔注释〕

①《史记》:中国第一部纪传体通史。西汉司马迁著,原名《太史公书》。一百三十卷。起自黄帝,讫汉武帝,分为本纪十二、表十、书八、世家三十、列传七十。南朝宋裴骃作集解,唐司马贞作索隐,张守节作正义。

②座右:座位的右边。古人常把所珍视的文、书、字、画放置于此。

〔译文〕

弟弟三月的来信,所定功课太多。多了就必然不能专,万万不可如此。后一封信说已向陈季牧借《史记》,这是不可不熟读的书。你既然读《史记》,便绝不能看其他书了。功课没有一定的死板的办法,只需要专。我从前教各位弟弟,常常限定功课,近来觉得这样做往往是强人所难,如果你们不愿意,虽说天天遵守限定功课的进程,也还是没有益处。所以近来教弟弟,只强调一个"专"字。"专"字以外,又有几句话教弟弟。现特地用冷金笺写出来,弟弟可以贴在书桌右边,时时看看;一并抄一付寄给家中的三位弟弟。

香海言时文须学《东莱博议》[①],甚是。尔先须过笔圈点一遍,然后自选几篇读熟。即不读亦可。无论何书,总须从首至尾通看一遍。不然,乱翻几叶,摘抄几篇,而此书之大局精处,茫然不知也。

〔注释〕

①时文:八股文的别名。《东莱博议》:宋代吕祖谦著,又称《左氏博议》。全书共 4 卷,选《左传》文 66 篇,分析透彻,议论明达,不少地方阐发了他卓越的史学思想。

〔译文〕

香海说学时文要学《东莱博议》,说得很对。弟弟你先要用笔圈点一遍,然后自己选几篇读熟。就是不读也可以。无论什么书,总要从头到尾通读一遍。不然,乱翻几页,摘抄几篇,而对这本书的整体布局、精彩之处,却茫然不知。

学诗,从《中州集》入亦好[①]。然吾意读总集,不如读专集。此事人人意见各殊,嗜好不同。吾之嗜好,于五古,则喜读《文选》[②];于七古,则喜读《昌黎集》[③];于五律,则喜读杜集[④];七律,亦最喜杜诗,而苦不能步趋,故兼读《元遗山集》[⑤]。吾作诗,最短于七律,他体皆有心得。惜京都无人可与畅语者。尔要学诗,先须看一家集，不要东翻两阅；先须学一体，不可各体同学，盖明一体则皆明也。凌笛舟最善为律诗，若在省，尔可就之求教。

〔注释〕

①《中州集》：是元好问编定的金朝诗歌总集。

②《文选》：又称《昭明文选》，是中国现存的最早一部诗文总集，由南朝梁武帝的长子萧统组织文人共同编选。萧统死后谥“昭明”，所以他主编的这部文选称作《昭明文选》。选录自先秦至南朝梁的诗文辞赋，不选经子，开始注意到文学与其他类型著作的区分。唐朝李善为之注释，注文搜集资料颇多，极具价值。

③《昌黎集》：唐代文学家韩愈的作品集。因其自称祖籍在河北昌黎，故世称韩昌黎。唐宋八大家之一，唐代古文运动的倡导者，明人推他为唐宋八大家之首，与柳宗元并称“韩柳”，有“文章巨公”和“百代文宗”之名，著有《韩昌黎集》四十卷，《外集》十卷等。

④杜集：杜甫的诗集。杜甫，字子美，自号少陵野老，在中国古典诗歌中的影响非常深远，被后人称为“诗圣”，他的诗被称为“诗史”。后世称其杜拾遗、杜工部，也称他杜少陵、杜草堂。著有《杜工部集》。

⑤《元遗山集》：金人元好问创作的诗集。

〔译文〕

学诗从《中州集》入手也很好。然而我以为读总集不如读专集。这种事情，每个人的看法不同，嗜好也不同。我的嗜好，于五古，则喜欢《文选》；于七古，则喜欢读《昌黎集》；于五律，则喜欢读杜集；七律，也最喜欢杜甫的诗，而苦于不能亦步亦趋，所以兼读《元遗山集》。我作诗最不擅长七律，其他体裁都有心得。可惜京城里没有人可以在一起畅谈。弟弟要学诗,先要看一家的集子,不要东翻西看;先要学一体,不可各种体裁同时学,因为明白了一体,各体便都明白了。凌笛舟最长于律诗,如果在省内,弟弟可以去向他求教。

习字,临《千字文》亦可①,但须有恒。每日临贴一百字,万万无间断,则数年必成书家矣。陈季牧最喜谈字,且深思善悟。吾见其寄岱云信,实能知写字之法,可爱可畏!尔可以从之切磋。此等好学之友,愈多愈好。

〔注释〕

①《千字文》:南朝梁周兴嗣所撰。以一千个不同的单字所写成,每四字一句,对偶押韵,便于背诵。内容为有关自然、社会、历史、伦理、教育等知识,是旧时儿童启蒙必读的书。

〔译文〕

习字,临《千字文》也可以,但要有恒心。每天临帖一百字,万万不要间断,那么几年坚持下来便成了书法家。陈季牧喜欢谈论书法,并且能深思善悟。我看过他寄给岱云的信,实在是了解书法之道,可爱可敬!弟弟可以和他切磋。这样好学的朋友,越多越好。

来信要我寄诗回南。余今年身体不甚壮健,不能用心,故作诗绝少,仅作《感春诗》七古五章。慷慨悲歌,自谓不让陈卧子[1]；而语太激烈，不敢示人。余则仅作应酬诗数首，了无可观。顷作《寄贤弟诗》二首，弟观之以为何如？京笔现在无便可寄，总在秋间寄回。若无笔写，暂向陈季牧借一支，后日还他可也。

兄国藩手草。

〔注释〕

①陈卧子：陈子龙（1608—1647），初名陈介，字人中，改字卧子，南直隶松江华亭（今上海市），明朝末年大臣，著名学者。

〔译文〕

你来信要我寄诗回去。我今年身体不太壮健，不能用心，所以作诗非常少，仅仅作了《感春诗》七古五章。慷慨悲歌，自以为不比陈卧子逊色；但用词太激烈，不敢给别人看。其余仅是应酬诗几首，没有什么可看的。前不久《寄贤弟诗》两首，弟弟看后以为如何？京笔现在没有便人带寄，总会在秋天寄回。如果没有笔写，暂时向陈季牧借一支，日后还他就是了。

兄国藩亲笔。

5.道光二十四年二月十四日
致诸弟·每日看史、温经

〔题解〕

此篇叙述家中事外，强调“看史”和“温经”的重要性。曾国藩要求四弟要每天看史书十页,因为不管得不得科名,“看史”总是可以稍长见识;季弟每天也要看史书,但温习经书更要紧。虽对两位弟弟要求略有不同,但都需每日读书。

四位老弟左右:

正月廿六日发第一号家信。二月初十日黄仙垣来京,接到家信,备悉一切。欣慰之至。所付诸物,已接脯肉一方、鹅肉一边、杂碎四件[①]、布一包、烘笼二个[②]。余皆彭雨苍带来。

〔注释〕

①杂碎:杂乱零碎,亦可指代杂乱零碎之物。

②烘笼:竹片、柳条或荆条等编成的笼子,罩在炉子或火盆上,用来烘干衣物。

〔译文〕

四位老弟左右:

正月二十六日寄出第一封家信。二月初十日黄仙垣来京城,接到家信,一切情况都已知道。我非常欣慰。托他带的东西,已经收到脯肉一方、鹅肉一边、杂碎四件、布一包、烘笼两个。其他的都是彭雨苍带来。

朱啸山亦于是日到,现与家心斋同居。系兄代伊觅得房子,距余寓甚近,不过一箭远耳[①]。郭筠仙现尚未到，余已为赁本胡同关帝庙房，使渠在庙中住，在余家火食[2]。

〔注释〕

①一箭：一支箭。指一箭所能达到的距离，谓相距很近。

②火食：伙食，每日的饭食。

〔译文〕

朱啸山也在当天到京城，现在和本家心斋住一起。是为兄代他找的房子，离我家很近，不过一箭射程的距离。郭筠仙现在还没有到，我已经为他租了本胡同关帝庙的房子，让他在庙里住，在我家吃饭。

冯树堂正月十六来余家住，拟会试后再行上学[1]，因小儿春间怕冷故也。树堂于二月十三日考国子监学正，题“而耻恶衣恶食者”二句[2]，“不以天下奉一人”策[3]，共五百人入场。树堂写作俱佳，应可以得。

〔注释〕

①会试：科举时代，聚合各省举人在京城进行的考试。

②恶衣恶食：粗劣的衣食。形容生活俭朴或清贫。语出《论语·里仁》：“士志于道而耻恶衣恶食者，未足与议也。”

③策：策论，策问。古代科举考试的一种文体。

〔译文〕

冯树堂正月十六日来我家住，准备会试以后再上学，因小儿春季怕冷的缘故。树堂在二月十三日考国子监学正，题目是“而耻恶衣恶食者”两句，“不以天下奉一人”策，共有五百人进场考试。树堂的文章和书法都好，应该可以考上。

陈岱云于初六日移寓报国寺[①]。其配之柩，亦停寺中。岱云哀伤异常，不可劝止，作祭文一篇，三千余字。余为作墓志铭一首[②]，不知陈宅已寄归否？余懒誊寄也。

〔注释〕

①移寓：移居，迁居。

②墓志铭：一种悼念性的文体，记载死者生平事迹的文字，刻在四方或长方的石头上，埋在坟墓里。内容分墓志与墓铭两种，墓志是散文，记死者姓名、生平；墓铭是韵文，是对死者的称颂、安慰或悼念。

〔译文〕

陈岱云在初六日移住报国寺。他夫人的灵柩，也停在寺里。岱云非常哀痛，不能劝止，给亡妻作祭文一篇，三千多字。我为他夫人作了墓志铭，不知陈家已寄回去没有？我懒得誊写寄了。

四川门生现已到廿余人。我县会试者，大约可十五人。甲午同年[①]，大约可廿五六人。然有求于余者，颇不乏人。

〔注释〕

①同年：科举时代称同榜或同一年考中者。

〔译文〕

四川门生现在到了二十多个。我县参加会试的，大约十五人。甲午科同年的，大约二十五六人。然而有求于我的，还颇为不少呢。

余今年应酬更繁。幸身体大好，迥不似从前光景。面胖而润，较前稍白矣。耳鸣亦好十之七八[①]，尚有微根未断，不过月余可全好也。内人及儿子、两女皆好[②]。陈氏小儿在余家乳养者亦好。

〔注释〕

①耳鸣：病名。外界无声音来源，患者自己感觉耳中有蝉鸣或其他声响，称为“耳鸣”。多由贫血、疲劳或神经系统的疾病所引起。

②内人：称谓。对他人称自己的妻子。也作“内子”。

〔译文〕

我今年应酬更多。幸亏身体大好，完全不像从前那样。脸胖而红润，比以前稍稍白了。耳鸣也好了十之七八，还有点儿没有断根，不过个把月即可全好。我妻子及儿子、两个女儿都好。陈家小儿在我家乳养，也好。

六弟、九弟在城南读书，得罗罗山为之师，甚妙！然城南课似亦宜应，不应恐山长不以为然也[①]。所作诗文及功课，望日内付来。四弟、季弟从觉庵师读自佳。四弟年已渐长，须每日看史书十叶，无论能得科名与否，总可以稍长可识。季弟每日亦须看史，然温经更要紧，今年不必急急赴试也。

〔注释〕

①山长：唐代、五代时对山居讲学的人的敬称。至宋、元时书院设山长，讲学兼领院务。废除科举之后，书院改称学校，山长的称呼废止。

〔译文〕

六弟、九弟在城南书院读书，能拜罗罗山为老师，很好！然而城南书院的课似乎也要应付，不然恐怕山长会有看法。所作诗文及功课，望日内寄来。四弟、季弟从觉庵师读书，自然好。四弟年纪逐渐大了，要每天看史书十页，不管得不得科名，总可以稍长见识。季弟每天也要看史书，但温习经书更要紧，今年不必急于赴考。

曾受恬自京南归，余寄回银四百两、高丽参半斤、鹿胶阿胶共五斤、闱墨廿部①，不知家中已收到否？尚有衣一箱、银五百两，俟公车南归带回②。

〔注释〕

①闱墨：明清将乡、会试中试文章，选刻成书，明称小录，清称闱墨。别称“试录”。闱，科举时代的试院。墨，试卷。

②公车：因汉代曾用公家车马接送应举的人，后便以“公车”泛指入京

应试的举人。

〔译文〕

曾受恬自京城回南方，我托他寄回银子四百两、高丽参半斤、鹿胶阿胶共五斤、闱墨二十部，不知道家中已收到了没有？还有衣服一箱、银子五百两，等参加会试的举人南归带回去。

同乡汤海秋与杜兰溪，子女已过门而废婚[1]，系汤家女儿及父母并不是。余俱如故。周介夫鸣鸾放安徽庐凤道，其女儿欲许字纪泽。常南陔大淳升安徽臬台，其孙女欲许字纪泽。余俱不甚愿。季仙九师为安徽学政后，升吏部右侍郎。廖老师名鸿荃，去年放钦差至河南塞河决，至今未成功，昨革职，赏七品顶戴，在河工效力赎罪[2]。黄河大工不成，实国家大可忧虑之事。如何如何！

余容后陈。

国藩手具。

〔注释〕

①过门：俗称女子出嫁。

②河工：修筑河堤、疏浚河道等治河工程。旧时特指治理黄河工程。

〔译文〕

同乡汤海秋与杜兰溪，子女已过门而又废除婚约，是汤家女儿及父母做得不对。其他人都是老样子。周介夫(鸣鸾)被派遣去安徽庐凤道任职,他想把女儿许配给纪泽。常南陔(大淳)升任安徽按察使,他也想把孙女许配给纪泽。我都不太情愿。季仙九师做安徽学政后,升任吏部右侍郎。廖老师名鸿荃,去年放钦差到河南堵塞黄河决堤,至今没有成功,日前被革职,赏七品顶戴,在河工效力赎罪。黄河大工程不成功,实在是国家最可忧虑的事情。如何是好!如何是好!

其他的事情且容日后再说。

国藩亲笔。

6.道光二十四年五月十二日
致诸弟·孝弟为瑞,文章不朽

〔题解〕

此信除叙述自己生活和工作的近况之外,仍是强调读书之事。曾国藩对弟弟们的期望,不在于科名的有无,而在于道德人品、真才实学。即第一,孝悌为先;第二,文章不朽。他认为弟弟们如果真能立志,应当有宏大追求和长远眼光,不要只忙于功名进学这一件事,不要为时文所误。曾国藩的这一观点引人深思:如何平衡“教”和“育”、“升学”和“成功”的关系,才能培养出有理想、有道德、有深度、有温度的时代新人?

四位老弟足下:

自三月十三日发信后,至今未寄一信。余于三月廿

四日移寓前门内西边碾儿胡同，与城外消息不通。四月间到折差一次，余竟不知。迨既知[1]，而折差已去矣。惟四月十九欧阳小岑南归，余寄衣箱银物并信一件。四月廿四梁菉庄南归，余寄书卷零物并信一件。两信皆仅数语，至今想尚未到。四月十三黄仙垣南归，余寄闱墨并无书信，想亦未到。兹将三次所寄各物另开清单付回，待三人到时，家中照单查收可也。

〔**注释**〕

①迨（dài）：等到。

〔**译文**〕

四位老弟足下：

自三月十三日发信以后，至今未寄一封信。我于三月二十四日移居到前门内西边碾儿胡同居住，与城外不通消息。四月间信差来过一次，我竟然不知道。等到知道了，信差已经走了。只有四月十九日欧阳小岑南归，我托他带了衣箱银物和一封信。四月二十四日梁菉庄南归，我托他带了书卷零物和一封信。两封信都只有几句话，想必至今还没有到。四月十三日黄仙垣南归，我托他带闱墨，并没有信，想必也没有到。现在把三次所寄各种东西另开清单付回，等他们三人到时，家里照单查收即可。

内城现住房共廿八间，每月房租京钱叁拾串，极为宽敞。冯树堂、郭筠仙所住房屋皆清洁。甲三于三月廿四日上学,天分不高不低,现已读四十天,读至“自修齐至平治”矣[1]。因其年太小,故不加严。已读者,字皆能认。两女皆平安。陈岱云之子在余家亦甚好。内人身子如常[2],现又有喜[3],大约九月可生。

〔注释〕

①修齐、平治:语出《礼记·大学》。修身、齐家、治国、平天下,指提高自身修为、管理好家庭、治理好国家、安抚天下百姓苍生的抱负。后泛指伦理哲学和政治理论。

②内人:称谓。对他人称自己的妻子。

③有喜:妇人怀孕。

〔译文〕

内城的现住房一共二十八间,每月房租京钱三十串,很是宽敞。冯树堂、郭筠仙所住房屋都很清洁。甲三在三月二十四日上学,天分不高不低,现在已读了四十天,读到“自修齐至平治”了。因他年龄太小,所以管得不严。已读的字都认得。两个女儿都平安。陈岱云的儿子在我家也很好。我的妻子身体如常,现在又怀孕了,大约九月间可以生产。

余体气较去年略好,近因应酬太繁,天气渐热,又有耳鸣之病。今年应酬较往年更增数倍。第一,为人写对联条幅,合四川、湖南两省求书者几日不暇给。第二,公车来借钱者甚多,无论有借无借,多借少借,皆须婉言款待。第三,则请酒拜客及会馆公事。第四,则接见门生。颇费精神。又加以散馆[1],殿试则代人料理[2],考差则自己料理[3]。诸事冗杂,遂无暇读书矣。

〔注释〕

①散馆:明清时翰林院设庶常馆,新进士朝考得庶吉士资格者入馆学习,三年期满举行考试后,成绩优良者留馆,授以编修、检讨之职,其余分发各部为给事中、御史、主事,或出为州县官,谓之“散馆”。

②殿试:古时科举制度中最高一级的考试,由皇帝亲自在大殿中主持。

③考差:清代时经考试而分派至各省担任学政或主考官的制度。

〔译文〕

我的身体气色比去年略好些,近来因为应酬太繁忙,天气渐热,又发了耳鸣的病。今年的应酬比往年增加了几倍。第一,是为别人写对联、条幅,四川、湖南两省合计起来,求书的人几乎让我天天没有空闲。第二,是入京应试的人来借钱的很多,不管有钱借还是没有钱借,多借些还是少借些,都要婉言接待。第三,是请酒拜客和会馆的公事。第四,是接见门生。很费精神。又加上碰上散馆,殿试是代人料理,考差则是自己料理。各种事情繁杂,便没有时间读书了。

三月廿八大挑甲午科,共挑知县四人、教官十九人。其全单已于梁菉庄所带信内寄回。四月初八日发会试榜,湖南中七人,四川中八人,去年门生中二人。另有

《题名录》附寄。十二日新进士复试,十四发,一等廿一名,另有单附寄。十六日考差,余在场,二文一诗,皆妥当无弊病,写亦无错落。兹将诗稿寄回。十八日散馆,一等十九名。本家心斋取一等十二名,陈启迈取二等第三名,二人俱留馆。徐棻因诗内“皴”字误写“皱”字,改作知县,良可惜也。廿二日散馆者引见,廿六、七两日考差者引见,廿八日新进士朝考,三十日发,全单附回。廿一日新进士殿试,廿四日点状元,全榜附回。五月初四、五两日新进士引见。初一日放云贵试差,初二日钦派大教习二人[1],初六日奏派小教习六人,余亦与焉。

〔注释〕

①教习:学官名。掌课试之事。明代选进士入翰林院学习,称“庶吉士”,训课庶吉士者曰“教习”,由学士一人(后改为礼部、吏部两部侍郎二人)任教。清代,翰林院设庶常馆,由满汉大臣各一人任教习,选侍讲、侍读以下官任小教习。

〔译文〕

三月二十八日,对甲午科不中的举人进行大选,共挑选知县四人、教官十九人。其所有名单已在梁菉庄所带的信中寄回。四月初八日发布会试榜,湖南中七人,四川中八人,我去年的门生中二人。另外有《题名录》附寄回去。十二日新进士复试,十四日发布,一等共二十一名,另有名单附信寄回。十六日考差,我在场应考,两篇文章一首诗,都很妥当没有弊病,书写也没有错乱。现将诗稿寄回。十八日在翰林院学习的庶吉士结业考试，一等共十九名。本家心斋取一等十二名，陈启迈取二等第三名，二人一起留馆任职。徐莱因诗内“皴”字误写为“皱”字，改作知县，十分可惜。二十二日皇上接见在翰林院学习期满的人，二十六、七两日接见考差的人，二十八日新进士朝考，三十日发布，全部名单附信寄回。二十一日新进士殿试，二十四日点状元，中榜的全部名单附信寄回家里。五月初四、初五两日皇上接见新进士。初一日任命赴云贵负责乡试的考官，初二日钦派大教习两人，初六日奏派小教习六人，我也名列其中。

初十日奉上谕[①]：翰林侍读以下，詹事府洗马以下，自十六日起每日召见二员。余名次第六，大约十八日可以召见。从前无逐日分见翰詹之例，自道光十五年始一举行，足征圣上勤政求才之意。十八年亦如之，今年又如之。此次召见，则今年放差大半，奏对称旨者居其半[②]，诗文高取者居其半也。

〔注释〕

①上谕：古时皇帝以诏书形式发布的命令、告示。

②奏对：臣属当面回答皇帝提出的问题。

〔译文〕

初十日奉上谕：翰林侍读以下，詹事府洗马以下，自十六日起每日召见两名。我名次第六，大约十八日可以被皇上召见。

从前没有每天分别召见翰林院、詹事府官员的成例，自道光十五年才开始第一次举行，足以证明圣上勤政求才的心意。十八年也这样，今年又如此。这次召见，则是今年派出去做官差的占了大半，其中奏对合圣上心意的占一半，诗文获得好评的占一半。

五月十一日接到四月十三家信，内四弟、六弟各文二首，九弟、季弟各文一首。四弟东皋课文甚洁净①，诗亦稳妥。“则何以哉”一篇，亦清顺有法，第词句多不圆足，笔亦平沓不超脱。平沓最为文家所忌，宜力求痛改此病。六弟笔气爽利②，近亦渐就范围。然词意平庸，无才气峥嵘之处，非吾意中之温甫也。如六弟之天姿不凡，此时作文，当求议论纵横，才气奔放，作为如火如荼之文，将来庶有成就。不然一挑半剔，意浅调卑，即使获售，亦当自惭其文之浅薄不堪。若其不售，则又两失之矣。

〔注释〕

①东皋（gāo）：东方的田野或高地。多指归隐后的耕地。代指归隐。

②笔气：文章的风格气概。

〔译文〕

五月十一日接到四月十三日家信，其中四弟、六弟文章各两篇，九弟、季弟文章各一篇。四弟的东皋课文写得很干净，诗也作得稳妥。“则何以哉”一篇，也清顺有法度，只是词句不够圆足，行文也平沓不超脱。平沓是写文章的人最为忌讳的，应该努力改变这个毛病。六弟行文笔气爽利，近来也渐渐能守规矩。但词意平庸，没有才气和峥嵘骨格，不是我想象中的温甫。像六弟这样天姿不凡，这个年纪写的文章，应当讲求议论纵横，才气奔放，写出如火如荼的文章，这样将来才会有所成就。不然的话，在细枝末节上发表些小见解，立意浅俗，格调卑下，就算得志，能中科名，也当因文章浅薄不堪而自觉惭愧。如果不得志，不能中科名，那可就是两方面都有很大的损失了。

今年从罗罗山游，不知罗山意见如何？吾谓六弟今年入泮固妙[①]，万一不入，则当尽弃前功，一志从事于先辈大家之文。年过二十，不为少矣。若再扶墙摩壁[②]，役役于考卷截搭小题之中[③]，将来时过而业仍不精，必有悔恨于失计者，不可不早图也。余当日实见不到此，幸而早得科名，未受其害。向使至今未尝入泮，则数十年从事于吊渡映带之间，仍然一无所得，岂不腼颜也哉？此中误人终身多矣。温甫以世家之子弟，负过人之姿质，即使终不入泮，尚不至于饥饿，奈何亦以考卷误终身也？

〔注释〕

①入泮（pàn）：古代学宫前有泮水，故称学校为“泮宫”。科举时代学童入学为生员称为“入泮”。

②扶墙摩壁：扶摸着墙壁，沿着墙壁走路。比喻言论主张没有真切的

见地。

③役役:奔走钻营貌。截搭小题:小题,明清科举考试时以"四书"文句命题为小题。截搭题,旧时考试将经书语句截断牵搭作为题目,是科举考试八股文的一种特殊命题方式。明清八股文题例出《四书》之内,用一句、数句、一节或全章为题,其后为避免蹈袭,采用割裂经书文句、截断牵搭作为试题,故名截搭题。

〔译文〕

六弟今年跟罗罗山读书,不知罗山意见如何?依我看,六弟今年入学自然很好,万一不能入学,应当尽弃前功,一心学习前辈大家的文章。年过二十,不算年轻了。如果再像扶摸墙壁走路一样一点点地探索,还忙于应对科举考试那种截搭小题,将来时间过去了而学业仍然不精,一定会有悔恨自己失策的一天,不可以不早些考虑啊。我当初实在没有看到这点,幸亏早早得了科名,没有受到它的祸害。假使我至今没有入学,数十年的光阴都浪费在考虑应试题那点过渡照应的事上,仍然一无所得,那岂不汗颜吗?科举考试误人终身的太多。温甫你以世家子弟的出身,又有过人的天资,就算不能入学,还不至于没饭吃,为什么也要在考卷上贻误终身呢?

九弟要余改文详批,余实不善改小考文①,当请曹西垣代改,下次折弁付回。季弟文气清爽异常,喜出望外,意亦层出不穷。以后务求才情横溢,气势充畅,切不可挑剔敷衍,安于庸陋。勉之勉之!初基不可不大也。书法亦有褚字笔意,尤为可喜。总之,吾所望于诸弟者,不在科名之有无，第一则孝弟为瑞[2]，其次则文章不朽。诸弟若果能自立，当务其大者远者，毋徒汲汲于进学也。

〔注释〕

①小考：旧时科举时代称选拔秀才的考试为“小考”。

②孝弟（tì）：孝顺父母，敬爱兄长。也作“孝悌”。

〔译文〕

九弟要我修改他的文章并详细批注，我实在不擅长改小考文章，当请曹西垣代改，下次由信差付回。季弟文气清爽异常，真是令人喜出望外，意境也层出不穷。以后务求才情横溢，气势充畅，万万不可挑剔敷衍，安于平庸鄙俗。努力！努力！初始的根基不可不大。书法也有褚遂良的笔意，尤其可喜。总之，我对弟弟们的期望，不在科名的有无，第一是以孝悌为先，其次便是文章不朽。弟弟们如果真能立志，应当追求远大的志向，不要只忙于功名进学这一件事。

冯树堂、郭筠仙在寓看书作文，功无间断。陈季牧日日习字，亦可畏也。四川门生留京约二十人，用功者颇多。

余不尽书。

兄国藩草。

〔译文〕

冯树堂、郭筠仙在京城寓所看书作文，学业从不间断。陈季牧天天练字,也令人敬畏。四川门生留京的大约有二十人,用功的很多。

其余不一一说了。

兄国藩亲笔。

7.道光二十四年九月十九日 致父母·年过二十,看书为主

〔题解〕

在诸弟考试以后,曾国藩提出“三弟俱年过二十,总以看书为主”。他认为不管考试顺利还是不顺利,不管文章写得工整还是不工整,各位弟弟总归以看书为最紧要。不管是经书、史书,还是诗集、文集,每天总应该看二十页。即便各种事情丛集忙乱,也不能耽误读书之事。

男国藩跪禀父母亲大人万福金安:

八月二十九日男发第十号信,备载廿八生女及率五回南事,不知已收到否?

〔译文〕

儿国藩跪禀父母亲大人万福金安:

八月二十九日儿子我发第十封家信,详细叙述二十八日生女及率五回湖南的事,不知道家里已收到这信没有?

男身体平安。冢妇月内甚好[①]。去年月里有病[②]，今年尽除去。孙儿女皆好。初十日，顺天乡试发榜，湖南中三人。长沙周荇农中南元原名康立[③]。

〔注释〕

①冢(zhǒng)妇：嫡长子的妻子。

②月里：坐月子期间。

③南元：明、清科举时代，南省人应试北部顺天府的乡试，除了第一名一律归直隶本籍人外，凡南方人考中第二名，则称为“南元”。

〔译文〕

儿子我身体平安。您二老的长媳妇月子里也很好。去年月子里有病，今年病症都除去了。您孙儿孙女都好。初十日，顺天乡试发榜，湖南中了三人。长沙周荇农中南元原名康立。

率五之归，本拟附家心斋处。因率五不愿坐车，故附陈岱云之弟处，同坐粮船。昨岱云自天津归，云船不甚好。男颇不放心，幸船上人多，应可无虑。

〔译文〕

率五回湖南，本准备托付在本家心斋那里。因为率五不愿坐车，所以托付在陈岱云的弟弟那里，一同坐粮船。昨天岱云从天津回来，说船不怎么好。儿子我颇不放心，幸亏船上人多，应该没有什么可担心的。

诸弟考试后，尽肄业小罗巷庵，不知勤惰若何？此时惟季弟较小，三弟俱年过二十，总以看书为主。我境惟彭薄墅先生看书略多，自后无一人讲究者，大抵为考试文章所误。殊不知看书与考试，全不相碍。彼不看书者，亦仍不利考如故也。我家诸弟，此时无论考试之利不利，无论文章之工不工，总以看书为急。不然，则年岁日长，科名无成，学问亦无一字可靠，将来求为塾师而不可得。或经或史，或诗集、文集，每日总宜看二十叶。男今年以来，无日不看书。虽万事丛忙，亦不废正业。

〔译文〕

各位弟弟考试以后，都在小罗巷庵学习，不知勤奋还是懒惰？这时只有季弟年纪较小，其他三位弟弟都已经过了二十岁，总归要以看书为主。我们家乡只有彭薄墅先生看书略多，自他以后没有一个讲究多看书的人，大都被考试文章所误。殊不知看书与考试完全互不妨碍。那些不看书的人，也还是和从前一样不善于考试。我家的各位弟弟，现在不管考试顺利还是不顺利，不管文章写得工整还是不工整，总归以看书为最紧要。不然，年纪一天天大了，科名未得，学问上也没有一个字靠得住，将来就是想做私塾的教书先生也办不到。或者经书或者史书，或者诗集、文集，每天总应该看二十页。儿子我今年以来，没有一天不看书。虽说各种事情丛集忙乱，也不废读书正业。

闻九弟意欲与刘霞仙同伴读书。霞仙近来见道甚有所得[①],九弟若去,应有进益。望大人斟酌行之。男不敢自主。此事在九弟自为定计。若愧奋直前,有破釜沉舟之志,则远游不负。若徒悠忽因循,则近处尽可度日,何必远行百里外哉!求大人察九弟之志而定计焉。

余容续呈。

男谨禀。

〔注释〕

①见道:洞彻真理,明白道理。道,法则、规律;学术或宗教的思想体系。

〔译文〕

听说九弟想与刘霞仙一同读书。霞仙近来在学问上很有心得,九弟如果去,应该有益处。恳请大人斟酌处理,儿子我不敢自作主张。这件事,靠九弟自己拿主意。如果能惭愧发奋向前,有破釜沉舟的决心,那么就不辜负远游求学的志向了。如果只是和从前一样马虎懒散,那么在家附近也可以过日子,何必要远行到百里之外呢?恳求大人观察九弟的心志再做定夺。

其他的以后再禀告。

儿子国藩谨禀。

8.同治三年十二月十六日
致四弟、九弟·宜趁家居时，苦学二三年

〔题解〕

此篇叙述近期工作情况之余，与弟弟们谈论切磋学问之乐，并建议弟弟把握时机补己之短："宜趁此家居时，苦学二三年，不可抛荒片刻也。"

澄、沅弟左右：

腊月初六接沅弟来信，知已平安到家，慰幸无已！

〔译文〕

澄、沅弟左右：

腊月初六接到沅弟来信，知已平安到家，令我十分欣慰！

少荃于初六日起行，已抵苏州。余于十四日入闱写榜①，是夜二更发榜，正榜二百七十三②，副榜四十八③。闱墨极好，为三十年来所未有。韫斋先生与副主考亦极得意，士子欢欣传诵④。韫师定于廿六日起程，平景孙编修奏请便道回浙⑤。此间公私送程仪约各三千有奇⑥。

〔注释〕

①入闱:科举时代应考或监考的人进入考场。后泛指进入某一范围或达到某一标准。也作“入围”。写榜:指旧时科举考试,填写录取者名单。

②正榜:科举时代会试或乡试公布正式录取名单的榜示。与“副榜”相对。

③副榜:科举考试中除正式录取外,另取若干名时所用的附加榜示,也叫“备榜”。

④士子:学子,读书人。

⑤编修:职官名。掌修国史、会要、实录的官吏。宋代设有史馆编修,明、清则隶属翰林院,与修撰、检讨同称史官。宋代设编修官修国史实录、会要等,明清翰林院设编修,并无实质职务。

⑥程仪:旧时赠送旅行者的财礼,亦称“程敬”。

〔译文〕

少荃在初六日起程,已抵达苏州。我在十四日入闱写榜,当晚二更发榜,正榜二百七十三人,副榜四十八人。文章写得极好,是三十年来都不曾有过的。韫斋先生与副主考也很得意,学子欣喜传诵。韫师定于二十六日起程,平景孙编修奏请顺路返回浙江。这里官署私人相送的财礼大约各有三千多两。

各营挑浚秦淮河①,已浚十分之六,约年内可以竣事。

〔注释〕

①挑浚:清除淤塞,开通河道。

〔译文〕

各营疏通秦淮河，已疏通十分之六，大约年内可以完工。

澄弟所劝大臣大儒致身之道[①]，敬悉敬悉！惟目下精神实不如从前耳！

〔注释〕

①致身：原谓献身。后用作出仕之典。语出《论语·学而》："事父母能竭其力，事君能致其身，与朋友交言而有信。"

〔译文〕

澄弟勉励我大臣大儒出仕致身之道，已经了解！只是现在我的精神实在不如从前了！

《鸣原堂论文》抄东坡万言书，弟阅之，如尚有不能解者，宜写信来问。弟每次问几条，余每次批几条。兄弟论文于三千里外，亦不减对床风雨之乐[①]。弟以不能文为此生缺憾，宜趁此家居时，苦学二三年，不可抛荒片刻也。

〔注释〕

①对床风雨：比喻兄弟或亲友相聚，亲密交谈之乐。

〔译文〕

《鸣原堂论文》所抄的苏东坡万言书,弟弟看了之后,如果还有不能理解的地方,应该写信来问我。弟弟每次问几条,我每次批答几条。兄弟间远隔三千里讨论文章,乐趣也不比风雨之夕对床谈论少。弟弟以不擅长写文章为此生的缺憾,应该趁在家闲居之时,苦学两三年,不可以片刻荒废。

9.同治十年十月二十三日
致四弟、九弟·养生六事,为学四字

〔题解〕

此篇主要叙述"养生六事"和"为学四字"。"养生六事",即饭后千步、将睡洗脚、胸无恼怒、静坐有常时、习射有常时、黎明吃白饭一碗。"为学四字",即看生书宜求速、温旧书宜求熟、习字宜有恒、作文宜苦思。养生与力学两者,要齐头并进。

澄、沅两弟左右:

屡接弟信,并阅弟给纪泽等谕帖①,具悉一切。兄以八月十三出省,十月十五日归署。在外匆匆,未得常寄函与弟,深以为歉。

〔注释〕

①谕帖:上级给下级的手令、告诫的文书,长辈对晚辈的手示或训词。

〔译文〕

澄弟、沅弟左右：

屡次接到弟弟们的来信，并看了弟弟给纪泽儿的信，知道一切情况。兄长我在八月十三日出省城，十月十五日回到官署。在外匆匆忙忙，没有常常写信给你们，深以为歉。

小澄生子，岳松入学[①]，是家中近日可庆之事。沅弟夫妇病而速痊，亦属可慰。

〔注释〕

①入学：旧指生徒或童生经考试录取后进府、州、县学读书。

〔译文〕

小澄侄生儿子，岳松侄入学，是家中最近值得庆祝的事。沅弟夫妇患病后很快痊愈，也令人欣慰。

吾见家中后辈体皆虚弱，读书不甚长进，曾以养生六事勖儿辈[①]：一曰饭后千步；一曰将睡洗脚；一曰胸无恼怒；一曰静坐有常时[②]；一曰习射有常时；射足以习威仪，强筋力，子弟宜多习。一曰黎明吃白饭一碗，不沾点菜。此皆闻诸老人，累试毫无流弊者，今亦望家中诸侄试行之。

〔注释〕

①勖(xù):勉励。

②常时:固定的时间。

〔译文〕

我看见家中的后辈身体都很虚弱,读书也没有多大长进,曾经以养生六事勉励子侄辈:一是饭后走一千步;一是睡觉前洗脚;一是胸中没有恼怒;一是按时静坐;一是按时练习射箭;射箭可以学习威仪,强筋壮骨,子侄们应多学习。一是黎明时分吃一碗白米饭,一口菜都不沾。这些我都是听老人说的,屡试不爽,没有一丝弊端,而今也希望家中的子侄们尝试去做。

又曾以为学四字勖儿辈:一曰看生书宜求速,不多阅则太陋;一曰温旧书宜求熟,不背诵则易忘;一曰习字宜有恒,不善写则如身之无衣、山之无木;一曰作文宜苦思,不善作则如人之哑不能言、马之跛不能行。四者缺一不可。盖阅历一生而深知之深悔之者,今亦望家中诸侄力行之①。

〔注释〕

①力行:努力实践,勉力去做。

〔译文〕

我又曾经以为学四件事勉励家中后辈:一是看生书要力求

快，不多读书就会孤陋寡闻；一是温习旧书要求熟，不背诵就易忘；一是习字要持之以恒，字写不好便好比身上无衣、山上无树；一是写文章要用心思考，不会写文章就好比哑巴不能说话，马跛了不能跑。四者缺一不可。这是我阅历一生才深深知道并深深懊悔的，而今也希望子侄们努力实行。

养生与力学[1]，二者兼营并进，则志强而身亦不弱，或是家中振兴之象。两弟如以为然，望常以此教诫子侄为要。

〔注释〕

①力学：努力学习。

〔译文〕

养生与力学两者齐头并进，就一定能意志坚强并且身体也不虚弱，或许是家中振兴的迹象。两位弟弟如果认为我的话有道理，希望常以此为要事教导训示家中子侄。

兄在外两月有余，应酬极繁，眩晕、疝气等症幸未复发[1]，脚肿亦愈。惟目蒙日甚，小便太数，衰老相逼，时势当然，无足异也。

〔注释〕

①疝（shàn）气：通常指腹股沟部的疝，症状是腹股沟凸起或阴囊肿

大，时有剧痛。

〔译文〕

为兄在外两月有余，应酬太过繁忙，眩晕和疝气等毛病幸好没有复发，脚肿的毛病也好了。只是老眼昏花一天比一天厉害，小便也太频繁。衰弱和年老逼人是当然之理，不足为怪。

二、为人之道

(一)修身

1.道光二十四年七月二十日
致父母·第一要除骄傲气习

〔题解〕

弟弟在省城读书两年,不见进步。一向重视弟弟学业的曾国藩对此很是忧虑。引以为憾的同时提出"第一要除骄傲气习"。腹中空空,没有学问而又夜郎自大,是最坏的情况。要避免这种情况,第一要去掉身上的骄傲习气。

男国藩跪禀父母亲大人万福金安:

六月二十三日男发第七号信,交折差。七月初一日发第八号,交王仕四手。不知已收到否?

〔译文〕

儿国藩跪禀父母亲大人万福金安:

六月二十三日儿子发第七封信,交给信差。七月初一日发第八封信，交给王仕四。不知已收到了没有？

六月廿日接六弟五月十二书，七月十六接四弟、九弟五月廿九日书，皆言忙迫之至。寥寥数语，字迹潦草，即县试案首、前列[①]，皆不写出。同乡有同日接信者，即考古、考老生皆已详载。同一折差也，各家发信迟十余日而从容，诸弟发信早十余日而忙迫，何也？且次次忙迫，无一次稍从容者，又何也？

〔注释〕

①县试：明清两代由县官主持的考试。取得出身的童生，由本县廪生保结后才能报名赴考。约考五场，试八股文、试帖诗、经论、律赋等。事实上第一场录取后即有参加上一级府试的资格。案首：明清时代童生参加府、州或县学考试而获得秀才第一名。

〔译文〕

六月二十日接到六弟五月十二日的信，七月十六日接到四弟、九弟五月二十九日的信，都说非常忙。寥寥几句话，字迹潦草，就连县试谁考了第一、头几名是谁都没写出来。同乡中间有同一天接到信的，（信中）就连考古、考老生，也都详细写了。这是同一信差带回来的，各家发信迟十多天尚且从容不迫，弟弟们早十多天却说忙得不行，这是为什么？并且每次都说忙，没有一次稍稍从容一些的，又为什么呢？

男等在京，大小平安。同乡诸家皆好，惟汤海秋于七月八日得病，初九未刻即逝。六月二十八考教习，冯树堂、郭筠仙、朱啸山皆取。湖南今年考差①，仅何子贞得差，余皆未放。惟陈岱云光景最苦。男因去年之病，反以不放为乐。

〔注释〕

①考差：清代时经考试而分派至各省担任学政或主考官。

〔译文〕

儿等在京城，大小平安。同乡各家都好，只是汤海秋在七月初八日生病，初九日未刻便逝世了。六月二十八日考教习，冯树堂、郭筠仙、朱啸山都考取了。湖南籍的考官在今年只有何子贞得到了差派，其余的都没有向外委派。只有陈岱云的生活最苦。我因去年的病，反而以没有被外派出京为乐。

王仕四已善为遣回。率五大约在粮船回，现尚未定。渠身体平安，二妹不必挂心。叔父之病，男累求详信直告，至今未得，实不放心。甲三读《尔雅》，每日二十余字，颇肯率教①。

〔注释〕

①率教：遵从教导。

〔译文〕

王仕四已经被妥善派回。率五大约乘粮船回去，现在还没有定。他身体平安，二妹不必挂念。叔父的病，我多次请求详细据实告诉我，到现在还没有知道消息，实在不放心。甲三读《尔雅》，每天二十多字，比较听老师的教导。

六弟今年正月信欲从罗罗山处附课，男甚喜之。后来信绝不提及，不知何故。所付来京之文，殊不甚好。在省读书二年，不见长进，男心实忧之而无如何，只恨男不善教诲而已。大抵第一要除骄傲气习。中无所有而夜郎自大①，此最坏事。四弟、九弟虽不长进，亦不自满。求大人教六弟，总期不自满足为要。

余俟续呈。

男谨禀。

〔注释〕

①夜郎自大：典出《汉书·西南夷列传》。夜郎为汉代时西南地区小国，其国王不知汉境的广大，竟问汉使："汉孰与我大？"比喻人不自量力，妄自尊大。

〔译文〕

六弟今年正月来信想去罗罗山处学习，我很高兴。后来的信就再也没提这件事，不知为什么。所寄来的文章，都不太好。在省城读书两年，不见进步，儿子心里很忧虑而又无可奈何，只恨自己不善于教诲。大概第一要去掉骄傲习气。腹中空空，没有学问又夜郎自大，这种情况最坏。四弟、九弟虽不长进，但也不自满。请求双亲大人教导六弟，时时把不自满放在第一位。

其他的事等以后再禀告。

儿子谨禀。

2.道光二十四年八月二十九日 致诸弟·德业并增，家私日起

〔题解〕

此文中劝弟谨记进德、修业两事——“吾人只有进德、修业两事靠得住。”对读书人来说，进德、修业这两件事，都是可以由我们自己做主的。今天进了一分德，便可算是积了一升谷子；明天修了一分业，又算攒了一文钱。品德和本领都有所增进，那么家业也就一天天兴旺了。曾国藩重视学问、道德，并且不空谈，而是将此二事与生活实际结合起来，更具现实意义。

四位老弟左右：

昨廿七日接信，快畅之至，以信多而处处详明也。

〔译文〕

四位老弟左右：

昨天二十七日接到来信，畅快之至，因为信多而且所写的事处处详细明白的缘故。

四弟《七夕诗》甚佳，已详批诗后。从此多作诗亦

甚好，但须有志有恒，乃有成就耳。余于诗亦有工夫，恨当世无韩昌黎及苏、黄一辈人可与发吾狂言者[1]。但人事太多，故不常作诗，用心思索，则无时敢忘之耳。

〔注释〕

①苏、黄：宋代文学家苏轼、黄庭坚的并称。

〔译文〕

四弟的《七夕诗》写得很好，我已将意见详细地批在诗后面。从此多作诗也很好，但要有志向、有恒心，才能有所成就。我对于写诗也下过功夫，只恨当世没有韩昌黎和苏东坡、黄庭坚一辈人，可以跟他们一起口出狂言。因人事应酬太多，所以我不常作诗，用心思索写诗之道，那还是时刻不敢忘的。

吾人只有进德、修业两事靠得住。进德，则孝弟仁义是也；修业，则诗文作字是也。此二者由我作主，得尺则我之尺也，得寸则我之寸也。今日进一分德，便算积了一升谷；明日修一分业，又算余了一文钱。德业并增，则家私日起[1]。至于功名富贵，悉由命定，丝毫不能自主。昔某官有一门生为本省学政[2]，托以两孙，当面拜为门生。后其两孙岁考临场大病[3]，科考丁艰[4]，竟不入学。数年后两孙乃皆入，其长者仍得两榜[5]。此可见早迟之际，时刻皆有前定。尽其在我，听其在天，万不可稍生妄想。六弟天分较诸弟更高，今年受黜，未免愤怨，然及此正可困心横虑，大加卧薪尝胆之功，切不可因愤废学。

〔注释〕

①家私：家财、家产，家庭财产。

②门生：汉人称亲受业者为弟子，相传受业者为门生。后世门生与弟子无别，甚至依附名势者，也自称门生。学政：清代提督学政的简称。又叫督学使者。掌管教育行政及各省学校生员的考课升降等事务。

③岁考：科举学制，凡生员一年一次由提学官和学政主持的考试，以评定优劣、赏罚。明代提学官和清代学政，每年对所属府、州、县生员、廪生举行考试，分别优劣，酌定赏罚。凡府、州、县的生员、增生、廪生皆须应岁考。

④科考：明清科举，乡试前由学官举行的甄别性考试。生员达一定等第，方准送乡试。各省学政周历各府州，从童生中考选秀才及甄试欲应乡试的生员，取入一、二、三等者，准送乡试，称为"科考"。丁艰：丁忧，遭逢父母丧事。

⑤两榜：甲榜和乙榜的合称。亦指进士。科举时代，由举人而考中进士的别称，称"甲榜"，举人、进士各为一榜，合为两榜。

〔译文〕

对于我们这些人来说，只有进德、修业两件事靠得住。进德，指的是孝、悌、仁、义这些品德；修业，指的是写诗、作文和写字这些本领。这两件事都是可以由我们自己做主的，得进一尺，便是我们自己的一尺；得进一寸，便是我们自己的一寸。今天进了一分德，便可算是积了一升谷子；明天修了一分业，又算攒了一文钱。品德和本领都有所增进，那么家业也就一天天兴旺了。

至于功名富贵,这些都是由命运决定的,我们一点儿也不能自己做主。从前某官员有一个门生做本省的学政,便把两个孙儿托付给他,当面拜作门生。但后来那两个孙儿在临近年考时大病一场,到了科考时又因父母故去而必须在家中守孝,结果不能入学。几年以后两人才得入学,年长的那个还中了进士。由此可见,入学的早晚、具体时间都是命中注定。我们且尽人力所及努力学习,至于能否录取且听天由命好了,万万不要产生妄想。六弟天分比诸位弟弟更高些,今年没有考取,不免气愤埋怨,但这时候正应该在困境中发奋努力,狠下一番卧薪尝胆的功夫,万万不能因气愤而废弃学业。

九弟劝我治家之法,甚有道理。喜甚慰甚!自荆七遣去之后,家中亦甚整齐,问率五归家便知。《书》曰:“非知之艰,行之维艰[①]。”九弟所言之理,亦我所深知者,但不能庄严威厉,使人望若神明耳。自此后当以九弟言书诸绅[②],而刻刻警省。

〔注释〕

①非知之艰,行之维艰:表示要知道道理并不困难,但是要去实践却很困难。语出《尚书·说命》。

②绅:古代士大夫束腰的大带子。

〔译文〕

九弟劝告我治家的方法,很有道理。我很高兴,也很欣慰!自从荆七被派出去以后,家里也还整齐,等率五回来(你们)就知道了。《书》中说："不是认识事物难，实践才是最难的。"九弟所说的道理，我也深有同感，只是我做不到庄严威厉，让人看见如同看见神明一样敬重。从此以后，我要把九弟的批评写在腰带上，时时刻刻警惕反省。

季弟天性笃厚，诚如四弟所云，乐何如之！求我示读书之法，及进德之道。另纸开示。

余不具。

国藩手草。

〔译文〕

季弟天性诚笃朴实，正像四弟所说的，是何等的快乐啊！他请求我指示读书方法和进德的途径。我另外找张纸，一一开列。

其余不多写。

国藩亲笔。

3.道光二十四年十月二十一日 致诸弟·力除傲气，力戒自满

〔题解〕

此信的主旨是劝诸位弟弟"力除傲气，力戒自满"。如果傲气太盛、自满自足，依仗自己的才能而傲视一切，不仅会被有见识的人所耻笑，而且最终不能有些许进步，反而可能潦倒一生而

没有一点长进。所以，曾国藩在开篇处，便强调“吾人为学，最要虚心。”

四位老弟足下：

前次回信内有四弟诗，想已收到。九月家信有送率五诗五首，想已阅过。

〔译文〕

四位老弟足下：

前次回信内有四弟的诗，想必已收到。九月家信有送率五诗五首，想必已读过。

吾人为学，最要虚心。尝见朋友中有美材者[1]，往往恃才傲物[2]，动谓人不如己，见乡墨则骂乡墨不通[3]，见会墨则骂会墨不通[4]，既骂房官[5]，又骂主考，未入学者，则骂学院。平心而论，己之所为诗文，实亦无胜人之处；不特无胜人之处，而且有不堪对人之处。只为不肯反求诸己[6]，便都见得人家不是。既骂考官，又骂同考而先得者。傲气既长，终不进功，所以潦倒一生而无寸进也。

〔注释〕

①美材：不凡的资质。

②恃才傲物：自负其才，藐视他人。依仗本身有才干而骄傲，目空

一切。

③乡墨：乡试的闱墨。

④会墨：会试的闱墨。

⑤房官：亦称“房考”，明清时乡会试时分房阅卷的考官。

⑥反求诸已：反省自己的过失，加以改正，而不责怪别人。求，寻求。诸，“之于”的合音。语出《孟子·公孙丑上》。

〔译文〕

我们做学问，最重要的就是虚心。我曾见朋友中有资质不凡的，往往依仗自己的才能而傲视一切考取进士的人，动不动就说别人不如自己，见了考取乡试的人便说人家的文章不通，见了考取进士的人便也说人家的文章不通，既骂房官，又骂主考，没能入学便骂学院。平心而论，他自己所作的诗或文，实在也没有什么过人之处；不仅没有过人的地方，而且还有让人难以面对的地方。只是因为不肯反省自己的过失，加以改正，便觉得别人不行。既骂考官，又骂同时参加考试而先被录取的人。傲气既已增长，最终不能有些许进步，所以潦倒一生而没有一点长进。

余平生科名极为顺遂①，惟小考七次始售②。然每次不进，未尝敢出一怨言，但深愧自己试场之诗文太丑而已。至今思之，如芒在背③。当时之不敢怨言，诸弟问父亲、叔父及朱尧阶便知。盖场屋之中④，只有文丑而侥幸者，断无文佳而埋没者，此一定之理也。

〔注释〕

①科名：科举功名，科举考中而取得的功名。

②始售：才考中。始，才。售，考试得中。

③如芒在背：如同芒刺扎于背上，形容惊惶不安。语出《汉书·霍光传》。

④场屋：科举时代试士的场所。

〔译文〕

我平生在科名方面非常顺遂，只是小考考了七次才考中。但每次不中，没敢说过一句怨言，只是深深惭愧自己的考试诗文太不好罢了。今天想起来，还如芒刺扎在背上。那时候不敢口出怨言，弟弟们问父亲、叔父和朱尧阶便知道了。因为考试场里，只有文章不好而侥幸得中的，绝没有文章好而被埋没的，这是绝对的道理。

三房十四叔非不勤读，只为傲气太胜，自满自足，遂不能有所成。京城之中，亦多有自满之人，识者见之[1]，发一冷笑而已。又有当名士者，鄙科名为粪土，或好作诗古文，或好讲考据，或好谈理学，嚣嚣然自以为压倒一切矣[2]。自识者观之，彼其所造曾无几何，亦足发一冷笑而已。故吾人用功，力除傲气，力戒自满，毋为人所冷笑，乃有进步也。

〔注释〕

①识者：有见识的人。

②嚣嚣：傲慢的样子。

〔译文〕

三房十四叔不是不勤奋读书，只因傲气太盛，自满自足，便不能有所成就。京城之中，也有不少自满的人，有见识的人看到他们，不过冷笑一声罢了。又有当名士的人，把科名看得和粪土一样，或者喜欢作点儿诗和古文，或者搞点儿考据，或者好讲理学，傲慢地自以为才学能压倒一切。但在有见识的人看来，他们的成就也没有多高，也只好冷笑一声罢了。所以我们用功，要力除傲气，力戒自满，不被别人所耻笑，才会有进步。

诸弟平日皆恂恂退让①，第累年小试不售，恐因愤激之久，致生骄惰之气，故特作书戒之。务望细思吾言而深省焉。幸甚幸甚！

国藩手草。

〔注释〕

①恂恂（xún）：温和恭敬的样子。语出《论语·乡党》。

〔译文〕

弟弟们平时都温和恭敬退让，但多年小考没有中，恐怕是因为愤激太久，以致产生骄傲懈怠的习气，所以特别写信告诫。请务必想一想我说的话而深刻反省。那就太幸运了！

国藩亲笔。

4.道光二十九年四月十六日
禀父母·照例之事,不苟不懈

〔题解〕

此信主要讲述家中之事和自己的近况。家中之事,有为自己未能尽孙子之责的内疚之情,也有家中儿女的婚姻之事。汇报自己的近况时,既述国家政事,又述自己的为官之道,“为国家办此照例之事,不苟不懈”,即为国家办各类照例之事,不草率、不怠惰,全都处理得有条理。

男国藩跪禀父母亲大人万福金安:

四月十四日接奉父亲三月初九日手谕[①],并叔父大人贺喜手示,及四弟家书。敬悉祖父大人病体未好,且日加沉剧,父、叔率诸兄弟服侍已逾三年,无昼夜之闲,无须臾之懈[②]。独男一人远离膝下,未得一日尽孙子之职,罪责甚深。闻华弟、荃弟文思大进,葆弟之文,得华弟讲改,亦日驰千里。远人闻此,欢慰无极!

〔注释〕

①手谕:上司或尊长亲笔写的指示。

②须臾(yú):片刻。

〔译文〕

儿国藩跪禀父母亲大人万福金安：

四月十四日接到父亲三月初九日亲笔信，和叔父大人亲笔写的贺喜帖子，以及四弟写的家信。敬悉祖父大人的病没有好，而且一天天加重，父亲、叔父率领诸位弟弟服侍已经三年，不分昼夜，没有片刻可以松懈。只有儿子我远离祖父大人膝下，没有尽一天孙子该尽的职责，罪责太深重了。听说华弟、荃弟文思大有进步，葆弟的文章得到华弟的讲改指点，进步也一日千里。远方的人听到这些，太欢喜欣慰了！

男近来身体不甚结实，稍一用心，即癣发于面①。医者皆言心亏血热，故不能养肝，热极生风，阳气上干，故见于头面。男恐大发，则不能入见，二月廿三谢恩，蒙召见。三月十四值班，蒙召见。三十又蒙召见，故不敢用心，谨守大人保养身体之训。隔一日至衙门办公事，余则在家，不妄出门。

〔注释〕

①癣：由霉菌引起的某些皮肤病的统称，患处常发痒。

〔译文〕

儿子我近来身体不很结实，稍微用心，癣便发在脸上。医生都说是心亏血热，以致不能养肝，热极生风，阳气上冲，所以出现在脸上。儿子我怕癣一旦大面积发作，就不能觐见皇上，二月二十三谢恩，蒙召见。三月十四值班，蒙召见。三十又蒙召见，所以不敢用心，谨守父亲大人保养身体的训示。隔一天到衙门去办公事，其余时间待在家里，不随便出门。

现在衙门诸事，男俱已熟悉，各司官于男皆甚佩服，上下水乳交融，同寅亦极协和[①]。男虽终身在礼部衙门为国家办此照例之事，不苟不懈[②]，尽就条理，亦所深愿也。

〔注释〕

①同寅：同僚，共事的官吏。

②不苟：不草率，不马虎。不懈：不怠惰。

〔译文〕

现在衙门的事，儿子都已经熟悉了。衙门中下属官员对儿子我都很佩服，上下水乳交融，同僚也相处得很和谐。儿子我即使终身只在礼部衙门为国家办各类贯例之事，也会不草率、不怠惰，全都处理得有条理，这也是我真心希望的。

英夷在广东，今年复请入城；徐总督办理有方，外夷折服，竟不入城。从此永无夷祸，圣心嘉悦之至[①]！四月十五日上谕甚嘉奖，兹付呈。李石梧前辈告病，陆立夫总制两江，亦极能胜任。术者每言皇上连年命运行劫财地[2]，去冬始交脱。皇上亦每为臣工言之[3]。今年气象，果为昌泰，诚国家之福也！

〔注释〕

①嘉悦：高兴并赞许。

②术者：术人，术士。劫财：八字星命术语。意谓使财帛受到劫败。

③臣工：群臣百官。

〔译文〕

英国人在广东，今年又请求进城；徐总督办理有方，外国人折服，最后没有进城。从此永无外国兵祸，皇上很高兴并赞许！四月十五日上谕很是嘉奖，现在寄呈。李石梧前辈告病退休，陆立夫任两江总督，也极能胜任。术士们常说皇上连年的命运交上了劫财运，去年冬天才开始脱离。皇上也常常对臣子们这样说。今年的气象，果然是昌盛泰平，真是国家的福气！

儿妇及孙女辈皆好。长孙纪泽前因开蒙大早[1]，教得太宽。顷读毕《书经》，请先生再将《诗经》点读一遍。夜间讲《纲鉴》[2]，《正史约》已讲至秦商鞅开阡陌[3]。

〔注释〕

①开蒙：旧时指儿童入书塾接受启蒙教育，泛指开始教儿童识字学习。

②纲鉴：明清人采用朱熹《通鉴纲目》体例编写通史，于“纲目”“通鉴”各摘一字，称为“纲鉴”。

③《正史约》：《纲鉴正史约》的简称。明顾锡畴编撰，凡三十六卷。

〔译文〕

儿媳妇和孙儿孙女们都好。长孙纪泽以前因为开蒙太早，教得不严。刚读完《书经》，请先生再把《诗经》点读一遍。晚上讲《纲鉴》，《正史约》已讲到秦商鞅开阡陌了。

李家亲事[1]，男因桂阳州往来太不便，已在媒人唐鹤九处回信不对。常家亲事，男因其女系妾所生，且闻其嫡庶不甚和睦[2]，又闻其世兄不甚守俭敦朴，亦不愿对。南陔先生今年来京时，男不与之提及此事，渠已知其不谐矣[3]。

〔注释〕

①亲事：婚姻之事。

②嫡庶：指正妻与妾。

③不谐：不顺利，不成功。

〔译文〕

李家那边的亲事，儿子我因为桂阳州往来不方便，已经在媒人唐鹤九那儿回话不结亲了。常家那边的亲事，儿子我因他家女儿是小妾所生，而且听说他家妻妾不太和睦，又听说他家公子不是很遵守俭朴敦厚之道，也不愿意结亲。南陔先生今年来京城的时候，儿子我没和他提起这件事情，他已经知道此事不成了。

纪泽儿之姻事，屡次不就。男当年亦十五岁始定婚[1]，则纪泽再缓一二年，亦无不可。或求大人即在乡间选一耕读人家之女，或男在京自定，总以无富贵气习者为主。纪沄对郭雨三之女，虽未订盟[2]，而彼此呼亲家，称姻弟，往来亲密，断不改移。二孙女对岱云之次子，亦不改移。谨此禀问，余详与诸弟书中。

男谨禀。

〔注释〕

①定婚：订婚，订立婚约。

②订盟：订婚。

〔译文〕

孙儿纪泽的婚事，多次不成功。儿子我当年也是十五岁才订婚，纪泽再缓一两年也没有什么不可以。或者恳请大人就在乡里选择一耕读人家的女儿，或者儿子我在京城自己决定，总归以没有富贵气习的为主。纪沄和郭雨三的女儿婚配，虽然没有订婚，但彼此称亲家，称姻弟，往来亲密，绝不会改变。二孙女许配岱云的次子，也不改变。谨此禀告并慰问，其余的详细写在给弟弟们的信中。

儿子谨禀。

5.咸丰元年九月初五日
致诸弟·力除牢骚,反躬自思

〔题解〕

此文中最值得借鉴的是曾国藩对温弟的劝慰之言:“凡遇牢骚欲发之时,则反躬自思。”人生自是不会一帆风顺、尽如人意,每当遇到挫折时,与其怨天尤人,不如反躬自思,反思自己有哪些不足、为何积蓄了这么多不平之气。深刻反省之后,便要毫不犹豫地去掉牢骚不平之气。平心静气后,修正自己的不足,并继续戒骄戒躁地努力奋进。

澄侯、温甫、子植、季洪四弟足下:

日来京寓大小平安。癣疾又已微发,幸不为害,听之而已。

〔译文〕

澄侯、温甫、子植、季洪四弟足下:

近来京城家里大小平安。我的癣疾又已经微微发作,幸亏没有大害,听任不管而已。

湖南榜发,吾邑竟不中一人[①]。沅弟书中言温弟之文典丽矞皇[②],亦尔被抑,不知我诸弟中将来科名究竟何如？以祖宗之积累及父亲、叔父之居心立行[3]，则诸弟应可多食厥报。以诸弟之年华正盛，即稍迟一科，亦未遽为过时。特兄自近年以来，事务日多，精神日耗，常常望诸弟有继起者，长住京城，为我助一臂之力。且望诸弟分此重任，余亦欲稍稍息肩[4]，乃不得一售，使我中心无倚。

〔注释〕

①邑：旧指县。

②典丽：典雅华丽。矞（yù）皇：辉煌，光辉。

③居心：心地。立行：建德修行。

④息肩：卸除负担而获得休息。

〔译文〕

湖南的榜已发，我们县竟然一个也没有考中。沅弟信中说温弟的文章典丽堂皇，也被埋没，不知道各位弟弟中将来究竟能否得中科名？凭借祖宗的积德，父亲、叔父的心地和建德修行，各位弟弟将来必得善报，高中科名。各位弟弟的年华正盛，就是稍微迟一科考取功名，也不能说是错过时机。只是为兄近年以来，事务一天天增多，精神一天天损耗，常常希望各位弟弟中有继之而起的人，长住京城，为我助一臂之力。并且希望各位弟弟能分担重任，我也想稍微休息一下，没想到各位弟弟没有一位考中，使我心里觉得没有依靠。

盖植弟今年一病，百事荒废，场中又患眼疾，自难见长。温弟天分本甲于诸弟，惟牢骚太多，性情太懒。前在京华，不好看书，又不作文，余心即甚忧之。近闻还家后，亦复牢骚如常，或数月不搦管为文[①]。吾家之无人继起，诸弟犹可稍宽其责，温弟则实自弃，不得尽诿其咎于命运。吾尝见友朋中牢骚太甚者，其后必多抑塞[②]，如吴檀台、凌荻舟之流，指不胜屈[③]。盖无故而怨天，则天必不许；无故而尤人，则人必不服。感应之理，自然随之。温弟所处，乃读书人中最顺之境，乃动则怨尤满腹，百不如意，实我之所不解。以后务宜力除此病，以吴檀台、凌荻舟为眼前之大戒。凡遇牢骚欲发之时，则反躬自思[④]：吾果有何不足而蓄此不平之气？猛然内省[⑤]，决然去之。不惟平心谦抑，可以早得科名，亦且养此和气，可以稍减病患。万望温弟再三细想，勿以吾言为老生常谈[⑥]，不值一哂也[⑦]。

〔注释〕

①搦（nuò）管：握笔，执笔为文。

②抑塞：压抑，阻塞。

③指不胜屈：形容数量很多，扳着指头数也数不过来。屈，弯曲。

④反躬：回过头来反省一下自己。

⑤内省（xǐng）：自我观察与反省。

⑥老生常谈：原指年老书生的平凡议论，后泛指经常说起的老话。

⑦哂（shěn）：微笑。

〔译文〕

植弟今年这一病，百事荒废，考试时又患眼病，自然难以看到长进。温弟的天分在几位弟弟中算是最好的，只是牢骚太多，性情太懒。从前在京城就不喜欢读书，又不爱写文章，我当时心里就很为他担忧。近来又听说回家后，还是像往常一样发牢骚，常常几个月不拿笔写文章。我家之所以无人继起，其他各位弟弟的责任较轻，温弟实在是自暴自弃，不应把责任都推诿到命运。我曾看见朋友中牢骚太多的人，后来一定命运坎坷，比如吴檀台、凌荻舟这样的人，屈指都数不清。因为无缘无故地怨天，天肯定不会答应；无缘无故地埋怨他人，他人也肯定不服。感应相报的道理，很自然地体现在每个人身上。温弟的处境，是读书人中最顺利的境遇，动不动就牢骚满腹，百般不如意，实在是我所不理解的。以后务必努力去掉这个毛病，以吴檀台、凌荻舟为眼前的重要鉴戒。凡是遇到将发牢骚之时，就该回过头来反省一下自己：我有哪些不足而积蓄了这么多不平之气？要积极地深刻反省，毫不犹豫地去掉牢骚不平之气。不仅可以平心静气、低调谦逊，早得科名，还可以在体内养此和气，稍微减少病痛。万望温弟反复思量，不要以为我的话是老生常谈，不值得理会。

王晓林先生植在江西为钦差，昨有旨命其署江西巡抚。余署刑部，恐须至明年乃能交卸。袁漱六昨又生一女，凡四女，已殇其二。又丧其兄，又丧其弟，又一差不得。甚矣！穷翰林之难当也。黄麓西由江苏引见入京，迥非昔日初中进士时气象，居然有经济才[①]。王衡臣于闰月初九引见，以知县用，后于月底搬寓下洼一庙中，竟于九月初二夜无故遽卒。先夕与同寓文任吾谈至二更，次早饭时，讶其不起，开门视之，则已死矣。死生之理，善人之报，竟不可解。

〔注释〕

①经济：经世济民。

〔译文〕

王晓林先生稙在江西当钦差，昨天有圣旨命他署理江西巡抚。我署理刑部，恐怕要到明年才能卸任。袁漱六昨天又生了一个女儿，共四个女儿，已经死了两个。又死了兄长和弟弟，又一份差事也得不到。穷翰林真是太难当了！黄麓西由江苏引见入京，与过去初中进士时的气象迥然不同，他居然有经世济民的才能。王衡臣是闰月初九引见的，用为知县，月底搬到寓下洼一间庙中，竟在九月初二日夜里无缘无故死了。前一天晚上还和同住的文任吾谈到二更，第二天早饭时，奇怪他没起床，打开门一看，人已经死了。死与生的道理，好人的这种报应，竟然不可理解。

邑中劝捐弥补亏空之事，余前已有信言之，万不可勉强勒派[①]。我县之亏，亏于官者半，亏于书吏者半[②]，而民则无辜也。向来书吏之中饱[③]，上则吃官，下则吃民,名为包征包解④,其实当征之时,则以百姓为鱼肉而吞噬之;当解之时,则以官为雉媒而播弄之⑤。官索钱粮于书吏之手,犹索食于虎狼之口。再四求之⑥,而终不肯吐。所以积成巨亏,并非实欠在民,亦非官之侵蚀入己也。今年父亲大人议定粮饷之事,一破从前包征包解之陋风,实为官民两利;所不利者,仅书吏耳。即见制台留朱公,亦造福一邑不小,诸弟皆宜极力助父大人办成此事。惟捐银弥亏,则不宜操之太急,须人人愿捐乃可。若稍有勒派,则好义之事,反为厉民之举,将来或翻为书吏所藉口,必且串通劣绅,仍还包征包解之故智,万不可不预防也。

〔注释〕

①勒(lè)派:强行摊派。

②书吏:承办文书的吏员。

③中饱:官吏侵吞公款、压榨人民而获巨利。语出《韩非子·外储说右下》。

④包征包解:又称“粮长制”。明代征收和运输田赋的一种方法。清代田赋征解一由书差承揽,州县除分得固定数量的规礼外,其余悉置不问。

⑤雉媒:为猎人所驯养用以诱捕野雉的雉。播弄:摆布,支配。

⑥再四:屡次,一次又一次。

〔译文〕

家乡劝捐弥补亏空的事,我前些日子已经有信说过,万万不可强行摊派。我县的亏空，亏于官员的占一半，亏于书吏的占一半，但老百姓是无辜的。从来书吏的中间得利，上面吃官，下面吃民，名义上是包征包解，其实当征收的时候，便把百姓当作鱼肉而吞噬；当解送的时候，又以官员为招引的雉媒而从中摆布。官员从书吏手上索取钱粮，好比从虎狼口里讨食。屡次请求，还是不肯吐出来。所以积累成大亏空，并不是因为百姓真的欠税，也不是官员自己侵吞了。今年父亲大人议定粮饷的事，打破从前包征包解的陋习，实在是官民两利；所不利的，只是书吏而已。就是去见制台留朱公，也对家乡造福不小，各位弟弟应该都帮父亲大人办成这件事。只是捐钱补亏空，不宜操之太急，一定要人人自愿捐才行。如果稍微有勒派，那么一件力求正义的事，反而成了损害人们的行为，将来或者反而为书吏们找到借口，并且必然会串通地方上的劣绅，闹着要恢复包征收包解送的老办法，千万不可不早为防备。

梁侍御处银二百，月内必送去。凌宅之二百，亦已兑去。公车来，兑五七十金，为送亲族之用，亦必不可缓。但京寓近极艰窘[①]，此外不可再兑也。邑令既与我家商办公事，自不能不往还，然诸弟苟可得已，即不宜常常入署。陶、李二处，容当为书。本邑亦难保无假名请托者，澄弟宜预告之。

书不详尽，余俟续具。

兄国藩手草。

〔注释〕

①艰窘:艰难穷困。

〔译文〕

梁侍御处二百两银子,月内一定要送去。凌宅的二百两,也已经汇兑过去。进京赶考的举子来京,汇兑五、七十两,用来送给亲族,也一定不能缓了。但京城家里近来很艰难窘迫,此外不可再兑银钱了。县令既与我家商办公事,自然不能不往来,但如果弟弟们可以见到县令的话,就不适合经常去县衙。陶、李两处,我会写信。本县也难免会有假名请托的人,澄弟应该提前告诉我。

书信写得不详细,其余容以后再写。

兄国藩亲笔。

6.咸丰六年九月初十日
致四弟·大乱未平,藏身匿迹

〔题解〕

此信虽仅有寥寥数语,却是纸短情长。大乱未平之际,曾国藩深为弟弟的安危担忧。他结合自己在宦海生涯中的体验,提醒弟弟此时一定要"藏身匿迹,不可稍露圭角于外"。处在大乱未平之时,应当尽量隐藏行迹,不可在外面稍露锋芒,如此才能安身立命。

澄侯四弟左右：

顷接来缄[①]，又得所寄吉安一缄，具悉一切。朱太守来我县，王、刘、蒋、唐往陪，而弟不往，宜其见怪。嗣后弟于县城、省城均不宜多去[②]。处兹大乱未平之际，惟当藏身匿迹，不可稍露圭角于外[③]。至要至要！

〔注释〕

①缄：书信。

②嗣后：以后。

③圭角：圭的棱角。泛指棱角、锋芒。

〔译文〕

澄侯四弟左右：

刚接到来信，又收到寄往吉安的一封信，知道了一切情况。朱太守来我县，王、刘、蒋、唐等人前往作陪，而弟弟没有去，难怪他见怪了。以后不管是县城还是省城，弟弟都不宜多去。处在大乱未平的时候，应当隐藏行迹，不可在外面稍微露一点儿锋芒。非常重要！非常重要！

吾年来饱阅世态[①]，实畏宦途风波之险，常思及早抽身，以免咎戾[②]。家中一切，有关系衙门者，以不与闻为妙。

〔注释〕

①年来：近年以来或一年以来。

②咎戾：罪过，灾祸。

〔译文〕

近年来我阅尽世态，实在害怕宦海风波的危险，经常想要及早抽身，以免惹祸。家中一切事务，只要与衙门有关的，以不过问为妙。

7.同治元年五月十五日
致九弟、季弟·以劳谦廉，时时自惕

〔题解〕

“日中则昃，月盈则亏”，曾家正在丰盈圆满的时际，为了避免盛极而衰，不等天来刮平，也不等人来刮平，而应设法自己刮平。如何自己刮平呢？曾国藩提醒诸弟做人须勤劳、谨慎、清廉。将“劳”“谦”“廉”三字放在心上，时刻自勉，以此来自己刮平自己。

沅、季弟左右：

帐棚即日赶办[1]，大约五月可解六营，六月再解六营，使新勇略得却暑也。抬小枪之药，与大炮之药，此间并无分别，亦未制造两种药。以后定每月解药三万斤至弟处，当不致更有缺乏。王可陞十四日回省，其老营十六可到。到即派往芜湖，免致南岸中段空虚。

〔注释〕

①即日：近日。

〔译文〕

沅、季弟左右：

帐棚近日就赶办，大约五月可以送到六个营的装备，六月再送到六个营的装备，使新兵稍微可以避暑。抬小枪的火药和大炮的火药，两者并没有区别，也没有生产两种火药。以后决定每月押解三万斤火药到弟弟的军营，应该不致再有缺乏的情况。王可陛在十四日回省城，他统领的老营十六日可以到。到了以后马上派往芜湖，以免南岸中段军力空虚。

雪琴与沅弟嫌隙已深[①]，难遽期其水乳[②]。沅弟所批雪信稿，有是处，亦有未当处。弟谓雪声色俱厉[③]。凡目能见千里而不能自见其睫，声音笑貌之拒人，每苦于不自见，苦于不自知。雪之厉，雪不自知；沅之声色，恐亦未始不厉，特不自知耳。曾记咸丰七年冬，余咎骆、文、文、耆待我之薄，温甫则曰："兄之面色，每予人以难堪。"又记十一年春，树堂深咎张伴山简傲不敬[④]，余则谓树堂面色亦拒人于千里之外。观此二者，则沅弟面色之厉，得毋似余与树堂之不自觉乎？

〔注释〕

①嫌隙：因猜疑或不满而产生仇怨。

②水乳：水和乳极易融合，比喻情意融洽无间。

③声色俱厉：说话时声音和脸部表情都很严厉。

④简傲：高傲，傲慢。不敬：怠慢，无礼。

〔译文〕

雪琴和沅弟之间嫌隙已很深，一时难以使他们水乳交融。沅弟所批雪琴的信稿，有对的地方，也有不当的地方。沅弟说雪琴声色俱厉。凡人的眼睛往往能看清千里以外，却不能看见自己的睫毛，人的声音笑貌表现出拒人千里之外的神情，往往糟就糟在自己却看不见，对此全然不知。雪琴的严厉，雪琴自己不知道；沅弟的声色，恐怕也未尝不严厉，只不过是自己不知道罢了。曾记得咸丰七年的冬天，我埋怨骆秉章、文格、文俊、耆龄待我不好，温甫说："哥哥的脸色，常常让人难堪。"又记得咸丰十一年的春天，树堂深深埋怨张伴山傲慢无礼，我则说树堂的脸色也分明拒人于千里之外。看这两个例子，那沅弟脸色的严厉，是不是像我和树堂一样，只是自己不觉得呢？

余家目下鼎盛之际，余忝窃将相①。沅所统近二万人，季所统四五千人，近世似此者曾有几家？沅弟半年以来，七拜君恩，近世似弟者曾有几人？日中则昃②，月盈则亏③，吾家亦盈时矣。管子云："斗斛满则人概之④，人满则天概之。"余谓天之概无形，仍假手于人以概之。霍氏盈满，魏相概之，宣帝概之。诸葛恪盈满，孙峻概之，吴主概之。待他人之来概而后悔之，则已晚矣。吾家方丰盈之际，不待天之来概，人之来概，吾与诸弟当设法先自概之。

〔注释〕

①忝(tiǎn)窃：对自己因幸运而拥有的某种名利或地位感到难以胜任的谦辞。

②日中则昃(zè)：指过了中午，太阳就要西斜。比喻事物盛极而衰。昃，太阳向西。

③月盈则亏：月亮到了最圆的时候，就开始亏损。比喻事物盛极必衰。

④斗斛(hú)：斗与斛。两种量器。亦泛指量器。十斗曰斛。概：刮平斗、斛用的小木板。此处指刮平、推翻。

〔译文〕

我家正处鼎盛时刻，我又窃居将相之位。沅弟统率的军队近两万人，季弟统率的军队四五千人，近代像这样情况的曾经有过几家？沅弟半年以来，七次拜领君恩，近世像沅弟这样的又曾经有几个？太阳过了中午便要西落，月亮圆了就意味着要亏缺，我家正是圆满的时候。管子说："斗和斛满了，就会有人去刮平；人太自满了，天就会去刮平。"我说天刮平是无形的，还是会假手于人来刮平。霍氏盈满了，由魏相来刮平，由宣帝来刮平。诸葛恪盈满了，由孙峻来刮平，由吴主来刮平。等到被他人刮平然后才后悔，已经晚了。我们家正在丰盈圆满的时际，不等天来刮平，也不等人来刮平，我与各位弟弟应当先设法自己刮平。

自概之道云何[1]？亦不外“清”“慎”“勤”三字而已。吾近将“清”字改为“廉”字，“慎”字改为“谦”字，“勤”字改为“劳”字，尤为明浅，确有可下手之处。沅弟昔年于银钱取与之际不甚斟酌，朋辈之讥议菲薄，其根实在于此。去冬之买犁头嘴、栗子山，余亦大不谓然。以后宜不妄取分毫，不寄银回家，不多赠亲族，此“廉”字工夫也。“谦”之存诸中者不可知，其著于外者，约有四端：曰面色，曰言语，曰书函，曰仆从属员。沅弟一次添招六千人，季弟并未禀明，径招三千人。此在他统领所断做不到者，在弟尚能集事，亦算顺手。而弟等每次来信，索取帐棚子药等件，常多讥讽之词、不平之语。在兄处书函如此，则与别处书函更可知已。沅弟之仆从随员颇有气焰。面色言语，与人酬接时，吾未及见，而申夫曾述及往年对渠之词气，至今饮憾[2]。以后宜于此四端痛加克治，此“谦”字工夫也。每日临睡之时，默数本日劳心者几件，劳力者几件，则知宣勤王事之处无多，更竭诚以图之，此“劳”字工夫也。

〔注释〕

①道：方法，办法。

②饮憾：抱恨，怀憾。

〔译文〕

自己刮平的方法有哪些？也不外乎“清”“慎”“勤”三个字

罢了。我近来把“清”字改为“廉”字,“慎”字改为“谦”字,“勤”字改为“劳”字,更为明白浅显,确有切实可行的地方。沅弟过去对于银钱的收与支不很慎重,被朋友们讥笑和轻看,根源就在这里。去年冬天买犁头嘴、栗子山两处的田,我也很不以为然。沅弟以后应当不妄取分毫,不寄钱回家,不多送亲族银钱,这便是“廉”字功夫。“谦”字存在于内心的,别人不知道;但表现在外面的,大约有四方面:一是脸色,一是言辞,一是书信,一是仆从属员。沅弟一次招兵六千人,季弟并没有报告请示,直接招兵三千人。这是其他统领官绝对做不到的,弟弟还能做成,也算很顺手了。而弟弟们每次来信,索取帐棚、火药等物,经常带讥讽的词句、不平的话语。给为兄写信还这样,给别人的书信更可以想见是什么样了。沅弟的仆人随员很有气焰。与人应酬接触之时的脸色言语,我没有亲眼看见,可申夫曾经和我说过往年对他的言辞语气,至今还深以为憾。沅弟以后应在这四个方面痛加改正,这就是“谦”字功夫。每日临睡之时,默想当天做了几件劳心的事情,几件劳力的事情,就会知道尽力王事之处实在不多,就会尽心竭力地去做了,这便是“劳”字功夫。

余以名位太隆,常恐祖宗留诒之福自我一人享尽,故将“劳”“谦”“廉”三字时时自惕,亦愿两贤弟之用以自惕①,且即以自概耳。

〔注释〕

①自惕(tì):自勉。惕,戒惧,小心谨慎。

〔译文〕

我因名声太大、地位太高，常常害怕祖宗积累遗留给我辈的福泽由我一个人享受殆尽，所以把“劳”“谦”“廉”三字放在心上，时刻自勉，也愿两位贤弟用以自勉，姑且就用这些来自己刮平自己吧。

湖州于初三日失守，可悯可敬。

〔译文〕

湖州在初三日失守，实在是让人怜悯敬佩。

8.同治元年五月二十八日
致九弟、季弟·自立自强，确乎不拔

〔题解〕

曾国藩建议诸弟必须自立自强。从古至今的帝王将相，没有一个人不是由自强自立做出来的。就是圣人、贤者，也各有各的自强自立之道，所以能够独立而不惧怕，刚强而坚忍不拔。清代的曾国藩希望弟弟们能好好体会这个道理。今天的我们依然要坚信这个道理，自立自强，依靠自己的力量立足，奋发图强，努力前行。

沅、季弟左右：

沅于人概、天概之说，不甚厝意[①]，而言及势利之天

下、强凌弱之天下。此岂自今日始哉？盖从古以然矣。

〔注释〕

①厝(cuò)意：在意，关心。

〔译文〕

沅弟、季弟左右：

沅弟对于人刮平、天刮平的说法，很不以为然，却说天下只有势利，天下从来是以强凌弱。这难道是从今天才开始吗？自古以来就如此。

从古帝王将相，无人不由自立自强做出。即为圣贤者，亦各有自立自强之道，故能独立不惧、确乎不拔[①]。昔余往年在京，好与诸有大名大位者为仇，亦未始无挺然特立、不畏强御之意。近来见得天地之道，刚柔互用，不可偏废。太柔则靡，太刚则折。刚非暴戾之谓也，强矫而已；柔非卑弱之谓也，谦退而已。趋事赴公，则当强矫；争名逐利，则当谦退。开创家业，则当强矫；守成安乐，则当谦退。出与人物应接，则当强矫；入与妻孥享受[②]，则当谦退。若一面建功立业，外享大名；一面求田问舍，内图厚实。二者皆有盈满之象，全无谦退之意，则断不能久。此余所深信，而弟宜默默体验者也。

〔注释〕

①确乎不拔：刚强坚决，不可动摇。

②妻孥(nú):妻子和儿女。

〔译文〕

从古至今的帝王将相,没有一个人不是由自强自立做出来的。就是圣人、贤者,也各有各的自强自立之道,所以能够独立而不惧怕,刚强而坚忍不拔。我往年在京城,喜欢与有大名声、地位高的人作对,也并不是没有挺然独立、不畏强暴的意志。近来悟出天地间的道理,刚柔互用,不可偏废。太柔弱就会垮掉,太刚强就会折断。刚不是暴戾的意思,是说要坚定不移罢了;柔不是卑下软弱的意思,是说要谦虚退让罢了。为国家办公事,要坚定;争名夺利,则要谦退。开创家业,要坚定;守成安乐,则要谦退。出外与别人应酬接触,要坚定;在家与妻儿享受天伦之乐,则要谦退。如果一方面建功立业,外享盛名;一方面又要买田建屋,追求殷实舒服,两方面都有满盈的征兆,完全没有谦退的念头,那绝不能长久。这是我深信不疑的,而弟弟们也应默默地去体会。

9.同治二年十一月十二日 致九弟·只问积劳,不问成名

〔题解〕

此信主要是与弟弟讨论战争之事。一方面,劝慰弟弟千万不要焦急。自古以来大战争、大事业,人的谋划只占十分之三,天意常常占十分之七。另一方面,提出只问积劳不问成名和享福,与弟共勉。认为只应在“积劳”二字上下功夫,“成名”两个

字不必问，“享福”两个字更不必提。

沅弟左右：

接初五夜地道轰陷贼城十余丈，被该逆抢堵，我军伤亡三百余人。此盖意中之事。城内多百战之寇①，阅历极多，岂有不能抢堵缺口之理？

〔注释〕

①寇：盗匪，侵略者，亦指敌人。

〔译文〕

沅弟左右：

接初五晚上我军通过地道轰陷敌城十余丈，但后来被逆贼抢着堵上，我军伤亡三百多人。这是意料中的事情。城里的贼匪都身经百战，经验丰富，哪有不去抢堵缺口的道理？

苏州先复，金陵尚遥遥无期，弟切不必焦急。古来大战争、大事业，人谋仅占十分之三①，天意恒居十分之七②。往往积劳之人非即成名之人，成名之人非即享福之人。此次军务，如克复武汉、九江、安庆，积劳者即是成名之人，在天意已算十分公道，然而不可恃也。吾兄弟但在“积劳”二字上着力，“成名”二字则不必问及，“享福”二字则更不必问矣。

〔注释〕

①人谋:人的计谋、策略。

②天意:上天的意旨。

〔译文〕

苏州先收复,金陵还遥遥无期,弟弟千万不要焦急。自古以来大战争、大事业,人的谋划只占十分之三,天意常常占十分之七。往往积劳的人并非成名之人,成名之人并非享福的人。这次军务,如果收复武汉、九江、安庆,积劳的人就是成名之人,天意已算十分公道,然而却不可以依仗。我们兄弟只应在"积劳"二字上下功夫,"成名"两个字就不必问了,"享福"两个字更不必提了。

厚庵坚请回籍养亲侍疾①,只得允准,已于今日代奏。

〔注释〕

①养亲:奉养父母。侍疾:侍候、陪伴、护理患者。

〔译文〕

厚庵坚决要求回原籍侍候奉养病中的父母,我只好应允,已在今天代他上奏朝廷。

苗逆于二十六夜擒斩[1]，其党悉行投诚。凡寿州、正阳、颍上、下蔡等城，一律收复，长淮指日肃清[2]，真堪庆幸！

〔注释〕

①擒(qín)：同"擒"。

②长淮：淮河。

〔译文〕

苗逆已在二十六日晚被擒斩首，他的党徒全部投降。寿州、正阳、颍上、下蔡等城全部收复，肃清淮河一带的残匪也指日可待，真值得庆幸！

弟近日身体健否？吾所嘱者二端：一曰天怀淡定[1]，莫求速效；二曰谨防援贼、城贼内外猛扑，稳慎御之[2]。

〔注释〕

①天怀：出自天性的心怀。

②稳慎：稳重谨慎。

〔译文〕

弟弟最近身体好吗？我要嘱咐的有两条：一是心怀淡定，不要急于求成；二是谨防援救之贼和城内守贼内外联合猛扑，要稳重谨慎地加以防御。

10.同治三年四月十三日
致九弟·万事看空,毋恼毋怒

〔题解〕

此信主要叙述军中之事,同时表达了对弟弟身体状况的担忧,叮嘱弟弟必须将“万事看空,毋恼毋怒”,因为这病不是药物所能治愈的。若要保全性命,也应把恼怒视为蝮蛇,下决心戒恼怒!

沅弟左右:

适闻常州克复、丹阳克复之信[①],正深欣慰。而弟信中有云:“肝病已深,痼疾已成[②],逢人辄怒[③],遇事辄忧”等语,读之不胜焦虑。今年以来,苏、浙克城甚多,独金陵迟迟尚无把握,又饷项奇绌[④]。不如意之事机[⑤]、不入耳之言语纷至迭乘[⑥],余尚愠郁成疾,况弟之劳苦过甚百倍阿兄,心血久亏数倍于阿兄乎!余自春来,常恐弟发肝病。而弟信每含糊言之,此四句乃露实情。此病非药饵所能为力,必须将万事看空,毋恼毋怒,乃可渐渐减轻。蝮蛇螫手[⑦],则壮士断其手,所以全生也。吾兄弟欲全其生,亦当视恼怒如蝮蛇,去之不可不勇,至嘱至嘱!

〔注释〕

①克复:攻战而收复失地。

②痼(gù)疾:积久难以治愈的病。

③辄(zhé):就,总是。

④绌(chù):不足,不够。

⑤事机:行事的时机。

⑥迭乘(diéchéng):轮流更替。

⑦螫(shì)手:咬手。

〔译文〕

沅弟左右:

刚才听闻收复失地常州、丹阳的消息,正深感欣慰。但弟弟信中说“肝病已经深重,积久难以治愈的病已经形成,逢人就发怒,遇事就忧愁”这些话,读了之后不胜焦虑。今年以来,苏、浙地区攻克城池很多,唯独金陵迟迟没有攻下,军饷又奇缺。不如意的行事的时机,不堪入耳的议论纷至沓来,我都积郁成疾,何况弟弟劳苦比我胜过百倍,心血亏损也胜于为兄数倍。自开春以来,我常担心弟弟肝病复发。而弟弟每次信中都含糊其辞,这四句才暴露了实情。这病不是药物所能治愈的,必须将万事看空,不恼不怒,病情才可渐渐减轻。蝮蛇咬手,那么壮士就斩断自己的手,这是为了保全性命。我们兄弟若要保全性命,也应把恼怒视为蝮蛇,不能不勇敢地戒除它,切记切记!

余年来愧对老弟之事,惟拨去程学启一名将,有损于阿弟。然有损于家,有益于国,弟不必过郁,兄亦不必过悔。顷见少荃为程学启请恤一疏,立言公允,兹特寄弟一阅。

〔译文〕

这些年来愧对老弟的事,只有调拨程学启这一名将,有损于阿弟。然而有损于家,却有益于国,弟弟不必过于抑郁,为兄也不必过于后悔。刚看到少荃为程学启请求抚恤的奏疏,立论公允,现特寄给你看一看。

李世忠事,十二日奏结。又饷绌情形一片,即为将来兄弟引退之张本①。余病假于四月廿五日满期,余意再请续假,幕友皆劝销假②,弟意以为如何?

〔注释〕

①张本:作为伏笔而预先说在前面的话,为事态的发展预先做的安排。

②幕友:官署中的佐助人员。销假:请假期满向主管的人报到。

〔译文〕

李世忠的事,十二日启奏完结。又附上军费紧缺情形的折片,即为将来我们兄弟引退做伏笔。我的病假于四月二十五日期满,我想再续假,幕友都劝我销假,你的意见如何?

淮北票盐、课厘两项[①]，每岁共得八十万串，拟概供弟一军。此亦巨款，而弟尚嫌其无几。余于咸丰四、五、六、七、八、九等年，从无一年收过八十万者。再筹此等巨款，万不可得矣。

〔注释〕

①票盐：明清部分地区实行票法时，商贩缴纳盐税后凭政府发给的凭证运销的食盐。

〔译文〕

淮北票盐、课厘两项，每年共得钱八十万串，打算一概供给弟弟这一军。这也是巨款，而弟弟还嫌少了。我在咸丰四、五、六、七、八、九等几年，从来没有一年收过八十万串的。再想筹集这样的巨款，万万做不到了。

（二）齐家

1.道光二十一年四月十七日
禀祖父母·积德累仁，救难济急

〔题解〕

两百多年来，自曾国藩以下八代人中无一“败家子”，有名望者多达二百四十余人，构成了一个声名远播的华夏望族。曾国藩对家庭具有的高度责任感，对曾氏后人产生了深远的影响。此信中，在用心政事之外，曾国藩仍惦念族中各人，尤为关心楚善八叔之事，担心二伯祖母的生活会穷困窘迫。他恳请平日积累行善的祖父大人救助急难中人，给族人以资助，展现出他对家庭的高度责任心。

祖父大人万福金安：

四月十一日由折差发第六号家信，十六日折弁又到[①]。

〔注释〕

①折弁(biàn):同“折差”,信差。弁,古时候的一种低级军官或军官的侍从。

〔译文〕

祖父大人万福金安:

四月十一日由信差发第六封家信,十六日信差又到。

孙男等平安如常①,孙妇亦起居维慎②。曾孙数日内添吃粥一顿,因母乳日少,饭食难喂,每日两饭一粥。

〔注释〕

①孙男:孙子。对祖父母提到自己时的自称。

②孙妇:孙媳妇。

〔译文〕

孙儿等平安如常,孙媳妇日常起居也小心谨慎。您曾孙子近日开始每天加吃一顿粥,因为母乳不够,饭食难喂,每天两顿饭一顿粥。

今年散馆①,湖南三人皆留②。全单内共留五十二人,仅三人改部属,三人改知县。翰林衙门现已多至百四五十人③,可谓极盛。

〔注释〕

①散馆：明清时翰林院设庶常馆，新进士朝考得庶吉士资格者入馆学习，三年期满举行考试后，成绩优良者留馆，授以编修、检讨之职，其余分发各部为给事中、御史或出为州县官，谓之“散馆”。

②留：留馆。

③翰林衙门：翰林院官署。翰林，皇帝的文学侍从官，唐朝以后始设，明、清改从进士中选拔。衙门，官署，旧时官吏办公的地方。

〔译文〕

今年翰林院庶常馆散馆，湖南的三人都留馆了。在翰林院庶常馆学习的同榜进士共留五十二人，只有三人改派到部属，三人外放做知县。翰林衙门现在已多到一百四五十人，可说是极盛了。

琦善已于十四日押解到京。奉上谕派亲王三人①、郡王一人②、军机大臣③、大学士④、六部尚书会同审讯⑤。现未定案。

〔注释〕

①上谕：古时皇帝以诏书形式发布的命令、告示。亲王：皇帝或国王的亲属中封王的人。

②郡王：爵位名。隋代始置，位次于帝王，唐以后历代因袭。清代郡王的地位次于亲王。

③军机大臣：清代设军机处，是清朝时期的中枢权力机关，辅佐皇帝处理政务。设军机大臣、军机章京等，均为兼职，由亲王、大学士、尚书、侍

郎或京堂充任，称为“军机大臣”。

④大学士：官名。唐时设崇玄署，置一大学士，又于集贤殿书院置大学士。北宋时设置渐广，多为优礼大臣的官衔。明初废丞相，大学士成为皇帝顾问，参与机要，后为内阁长官，权限与宰相相当。清代沿置，雍正时大学士职权为军机处所替，但对资望特重的官员仍授大学士衔作为荣典。

⑤六部：隋唐至清，中央行政机构分吏、户、礼、兵、刑、工六部。隋代始设六部，唐代确定六部各部以尚书、侍郎为正副长官。

〔译文〕

琦善已于十四日押解到京城。奉皇上谕旨，派了三个亲王、一个郡王，与军机大臣、大学士、六部尚书会同审讯。现在没有定案。

梅霖生同年因去岁咳嗽未愈，日内颇患咯血①。同乡各京官宅皆如故。

〔注释〕

①咯(kǎ)血：因疾病引起未经咳嗽，而喉中咯出血块或血点的症状。

〔译文〕

梅霖生同年因为去年咳嗽没有好，这些天咯血颇为严重。在京做官的几位同乡家里一切如常。

澄侯弟三月初四日在县城发信已经收到，正月廿五信至今未接。兰姊以何时分娩？是男是女？伏望下次示知[①]。

〔注释〕

①伏望：表希望的敬词。多用于下对上。

〔译文〕

澄侯弟三月初四日在县城发的信我已经收到，正月二十五日发的信至今没有收到。兰姐什么时候生的孩子？生的是男是女？希望下次来信告知我。

楚善八叔事，不知去冬是何光景？如绝无解危之处，则二伯祖母将穷迫难堪[①]，竟希公之后人将见笑于乡里矣。孙国藩去冬已写信求东阳叔祖兄弟，不知有补益否？此事全求祖父大人作主。如能救焚拯溺[②]，何难嘘枯回生[③]！伏念祖父平日积德累仁[④]，救难济急，孙所知者，已难指数。如廖品一之孤、上莲叔之妻、彭定五之子、福益叔祖之母，及小罗巷、樟树堂各庵，皆代为筹画，曲加矜恤[⑤]。凡他人所束手无策、计无复之者，得祖父善为调停，旋乾转坤[⑥]，无不立即解危，而况楚善八叔同胞之亲、万难之时乎？孙因念及家事，四千里外，杳无消息，不知同堂诸叔目前光景。又念家中此时亦甚难窘，辄敢冒昧饶舌[⑦]，伏求祖父大人宽宥无知之罪[⑧]。楚善叔事如有设法之处，望详细寄信来京。

兹逢折便,敬禀一二。

即跪叩祖母大人万福金安!

〔注释〕

①穷迫:穷困窘迫。难堪:难以忍受。

②救焚拯溺:亦作“救火拯溺”。救助陷于困境的人。

③嘘(xū)枯回生:比喻拯绝扶危,起死回生。嘘,吹,指和风吹拂。

④伏念:旧时致书于尊者多用之。伏,敬辞。念,念及,想到。积德累仁:积累德行与仁义。

⑤曲加矜恤(jīnxù):无微不至地关爱体恤。曲,细致地照顾到各个方面。矜恤,怜悯抚恤。

⑥旋乾转坤:意为把天地倒转过来。比喻根本改变局面。乾、坤是八卦中的天和地。

⑦冒昧:不顾地位、能力、场合是否适宜。多用作谦辞。饶舌:滔滔不绝多嘴多舌地、毫无效果地讲话。

⑧宽宥:宽恕,原谅。

〔译文〕

楚善八叔的事,不知去年冬天情形如何?如果绝对没有解决问题的办法,那二伯祖母必将穷困窘迫,竟希公的后人将被乡里的人耻笑了。孙儿国藩去年冬天已写信求东阳叔祖兄弟,不知可有帮助?这件事全求祖父大人做主。如能救他于水深火热之中,起死回生有何难的!默想祖父大人平日积累德行与仁义,救助急难中人,孙儿我所了解的,已难以数清。如救助廖品一的孤儿、上莲叔的妻子、彭定五的儿子、福益叔祖的母亲,以及小罗巷、樟树堂的各尼庵,都代为筹划,尽力体恤。凡是别人束手无策的，只要祖父出面认真调停，便能扭转乾坤，没有不立即解决问题的，何况有同胞之亲的楚善八叔正处在万难之中呢？孙儿我因挂念家中的事，而在四千里外一点儿消息都没有，不知同堂的各位叔叔目前情形。又想家中此时也很艰难窘迫，所以才敢冒昧多嘴，恳求祖父大人宽恕我无知的罪过。楚善叔的事，如有可以设法的地方，希望写信寄到京城，详细告知。

现逢信差方便，恭敬地禀告一二。

即跪叩祖母大人万福金安！

2.道光二十三年正月十七日
禀父母·家和则福自生

〔**题解**〕

此信贵在强调了"家和万事兴"的道理。前文重在族中之人，讲对处于危难中的族人要救难济急；此文重在家中之人。曾国藩认为一家之中，哥哥说的话弟弟全都听从，弟弟有请求哥哥总是答应，这样充满和气而家道不兴旺的情况是从来没有的；情况相反而家道不败落的，也是从来没有的。兄友弟恭、家庭和睦，福泽就自然产生。

男国藩跪禀父母亲大人万福金安：

正月八日恭庆祖父母双寿，男去腊作寿屏二架[①]。今年同乡送寿对者五人[②]，拜寿来客四十人。早面四席，晚酒三席。未吃晚酒者，于十七日、廿日补请二席。又倩人画《椿萱重荫图》[3]，观者无不叹羡[4]。

〔注释〕

①寿屏：呈赠给寿诞者的寿文、寿词、诗画屏条。

②寿对：寿联。

③倩（qìng）：请人做某事。

④叹羡：赞叹羡慕。

〔译文〕

儿国藩跪禀告父母亲大人万福金安：

正月八日恭敬地庆贺祖父祖母双寿，我去年腊月做了两架寿屏。今年同乡送寿对者五人，拜寿的来宾四十人。早上吃面请了四席，晚上吃酒请了三席。没有吃晚上酒席的，在十七日和二十日又补请了两席。又请人画《椿萱重荫图》，来观看的人没有不赞叹和羡慕的。

男身体如常。新年应酬太繁，几至日不暇给[1]。媳妇及孙儿女俱平安。

〔注释〕

①日不暇给：指事情繁多，时间不够，来不及做完。暇，空闲。给，足够。

〔译文〕

儿子我身体和往常一样。新年应酬太多，几乎忙不过来。

您儿媳妇及孙子、孙女都平安。

正月十五接到四弟、六弟信。四弟欲偕季弟从汪觉庵师游，六弟欲偕九弟至省城读书。男思大人家事日烦，必不能常在家熟照管诸弟；且四弟天分平常，断不可一日无师，讲书改诗文，断不可一课耽搁。伏望堂上大人俯从男等之请，即命四弟、季弟从觉庵师。其束修银①，男于八月付回，两弟自必加倍发奋矣。六弟实不羁之才②，乡间孤陋寡闻，断不足以启其见识而坚其志向，且少年英锐之气不可久挫。六弟不得入学，既挫之矣；欲进京而男阻之，再挫之矣；若又不许肄业省城，则毋乃太挫其锐气乎？伏望堂上大人俯从男等之请，即命六弟、九弟下省读书。其费用，男于二月间付银廿两至金竺虔家。

〔注释〕

①束修：即"束脩"，送给教师的报酬。古代学生与教师初见面时，必先奉赠礼物，表示敬意，名曰"束脩"。修，通"脩"，古时称干肉。

②不羁之才：非凡的、不可拘束的才能。羁，马笼头，比喻约束。

〔译文〕

正月十五日接到四弟、六弟的信。四弟想跟季弟一起跟随汪觉庵老师学习，六弟想带九弟一起到省城读书。儿子我想父母大人家里的事越来越繁杂，肯定不能经常在家塾照管几位弟弟；并且四弟天分平常，绝不可以一天没有老师为他讲解课文和修改诗文，不可以耽搁一节课。殷切希望堂上大人能听从儿子们的请求，马上让四弟和季弟跟从觉庵老师学习。他们的学费，儿子我在八月汇款回来，两位弟弟想必会更加发奋学习。六弟实际是一个不愿受约束的人才，乡下条件差、见闻少，必定不足以启迪他的见识，竖立他的志向，况且年轻人的锐气不可以长久地受挫折。六弟未能入学，已是挫折了；想进京我又阻止了他，再次受到挫折；如果又不准他去省城读书，是不是太挫他的锐气了呢？殷切希望堂上大人听从儿子们的请求，叫六弟和九弟到省城读书。他们的学费，儿子我会在二月间交付二十两银子到金竺虔家里。

夫家和则福自生。若一家之中，兄有言弟无不从，弟有请兄无不应，和气蒸蒸而家不兴者，未之有也；反是而不败者，亦未之有也。伏望大人察男之志。即此敬禀叔父大人，恕不另具。六弟将来必为叔父克家之子①，即为吾族光大门第，可喜也②。

谨述一二，余俟续禀。

〔注释〕

①克家：能承担家事，继承家业。

②可喜：令人高兴，值得欢喜。

〔译文〕

家庭和睦，福泽就自然产生。如果一家之中，哥哥说的话弟弟无不听从，弟弟有请求哥哥总是答应，充满和气而家道不兴旺的情况，是从来没有的；情况相反而家道不败落的，也是从来没有的。殷切希望父母大人体谅儿子的想法。也以这封信禀告叔父大人，恕我不再另写信了。六弟将来必定是叔父家里能承担家事、继承祖业的人，能为我们家族争光，令人高兴。

恭谨地说这些，其余的等以后再禀告。

3.道光二十四年十二月十八日
致诸弟·亲家为人，亦须查明

〔题解〕

此信中告诫弟弟婚姻大事务必谨慎。第一，不宜与有宦家骄奢习气之人结亲，这样的结婚对象会破坏曾家的家规，引诱曾家子弟走向贪图享受、好逸恶劳之路。第二，亲家为人，亦须查明。如果吃鸦片烟，那万万不可结亲。如果要对亲，不宜亲近的，可以另外请媒人。曾国藩对婚姻之事颇为慎重，他并不看重达官显贵的门第，而是看重结婚对象和亲家的品性。这样的婚姻观，在现今社会仍有着值得借鉴之处。

诸位老弟足下：

十四日发十四号家信，因折弁行急，未作书与诸弟。十六早接到十一月十二所发信，内父亲一信、四位老弟各一件。是日午刻又接九月十二所寄信[①]，内父亲及

四、六、九弟各一件,具悉一切。不胜欣幸!

〔注释〕

①午刻:正午,中午。

〔译文〕

诸位老弟足下:

十四日发第十四封家信,因为信差走得急,没有写信给弟弟们。十六日早上接到十一月十二日发的信,里面父亲写的一封、四位老弟各一封。当天中午又接到九月十二日所寄的信,里面有父亲和四弟、六弟、九弟的信各一封,一切情况都知道了。非常高兴!

曹石樵明府待我家甚为有礼,可感之至。兹寄一信去。西冲四位,因送项太简致生嫌隙①。今虽不复形之口角②,而其心究不免有觖望③。故特作信寄丹阁叔,使知我家光景亦非甚裕者。贤弟将此信呈堂上诸大人,以为开诚布公否?如堂上诸大人执意不肯送去,则不送亦可也。

〔注释〕

①项:钱款,经费。

②形之口角:言语争吵。

③觖(jué)望:因不满意而怨恨。

〔译文〕

曹石樵明府对我家人很有礼貌，真是感谢之至。我现在寄一信去。西冲那边四位，因送的钱款太少而产生矛盾。现在虽不再言语争吵，但他们内心终究不免因不满意而怨恨。所以我特意写信给丹阁叔，让他们知道我家的情形也不是很富裕。弟弟们将这封信呈给堂上诸大人，看看是否开诚布公？如堂上诸大人坚决不肯送去，那不送也可以。

四弟之诗又有长进，第命意不甚高超①，声调不甚响亮。命意之高，须要透过一层。如说考试，则须说科名是身外物，不足介怀②，则诗意高矣。若说必以得科名为荣，则意浅矣。举此一端，余可类推。腔调则以多读诗为主，熟则响矣。

〔注释〕

①第：但。

②介怀：介意，在意。

〔译文〕

四弟的诗又有长进，但诗的立意不太高远，声调不很响亮。立意要高，必须提高一个层次。比如说考试，那应该说科名是身外之物，不足以使一个人耿耿于怀，那么立意便高了一筹。如果说一定要以得科名为荣幸，那意义便浅薄了。举这一个例子，其余的便可类推。声调不响则要以多读诗为主，诗读得熟了声调自然会响亮。

去年树堂所寄之笔，亦我亲手买者。“春光醉”目前每支大钱五百文，实不能再寄。“汉壁”尚可寄。然必须明年会试后乃有便人回南，春间不能寄也。五十读书固好[1]，然不宜以此耽搁自己功课。女子无才便是德，此语不诬也[2]。

〔注释〕

①五十：曾国藩侄女，曾国潢女儿名。

②不诬：不妄，不假。

〔译文〕

去年树堂所寄的笔，也是我亲自买的。“春光醉”目前每支值大钱五百文，实在不能再寄了。“汉壁”还可以寄。但必须明年会考以后才可以托人顺便带回湖南，春季不能寄了。五十读书固然好，但不可以因为这耽搁自己的功课。女子无才便是德，这话是不错的。

常家欲与我结婚，我所以不愿者，因闻常世兄最好恃父势作威福，衣服鲜明，仆从烜赫[1]，恐其家女子有宦家骄奢习气[2]，乱我家规，诱我子弟好佚耳[3]。今渠再三要结婚，发甲五八字去。恐渠家是要与我为亲家，非欲与弟为亲家,此语不可不明告之。贤弟婚事,我不敢作主,但亲家为人何如,亦须向汪三处查明。若吃鸦片烟,则万不可对。若无此事,则听堂上各大人与弟自主之可也。所谓翰堂秀才者,其父子皆不宜亲近。我曾见过,想衡阳人亦有知之者。若要对亲④,或另请媒人亦可⑤。

〔注释〕

①烜赫:名声或威望盛大的样子。

②宦家:仕宦之家。骄奢:骄横奢侈。

③好佚:好逸恶劳。

④对亲:结为姻亲。

⑤媒人:婚姻介绍人。

〔译文〕

常家想与我家结姻,我之所以不愿意,是因为听说常家的公子最喜欢依仗父亲的权势欺侮别人,衣服总是过于华丽,仆从前呼后拥,气焰嚣张,恐怕他家的女子也有做官人家的骄纵奢侈的习气,这样会破坏我家的家规,引诱我家子弟走向贪图享受、好逸恶劳之路。现在他再三要结亲,把甲五八字发过去。恐怕他家是要与我结亲家,而不是想与弟弟结为亲家,这话我不能不明白相告。贤弟结亲的事情,我不敢做主,但是亲家为人如何,也要先到汪三那边查问清楚。如果吃鸦片烟,那万万不可结亲。如果没有这件事,那就听堂上各位大人与贤弟自己做主好了。那个所谓的翰堂秀才,他们父子两人都不宜去亲近。我曾经见过他们,想必衡阳人也有知道他们底细的。如果要对亲,或者可以另外请媒人。

六弟九月之信，于自己近来弊病颇能自知[①]，正好用功自医，而犹曰"终日泄泄"[②]，此则我所不解者也。家中之事，弟不必管。天破了自有女娲管[③]，洪水大了自有禹王管[④]，家事有堂上大人管，外事有我管，弟只安心自管功课而已，何必问其他哉？

〔注释〕

①弊病：弊端，也泛指事情上的毛病、缺点。

②泄泄（yì）：懈怠。

③女娲（wā）：神话传说中的上古女帝。与伏羲为兄妹。人首蛇身，相传曾炼五色石以补天，并抟（tuán）土造人，制嫁娶之礼，延续人类生命。

④禹王：传说中古代部落联盟领袖。姓姒，亦称"禹""夏禹""戎禹"。鲧的儿子。原为夏后氏部落领袖，奉舜的命令治理洪水。领导人民疏通江河，兴修沟渠，发展农业。治水十三年，曾三过家门而不入，终于消除了中原洪水泛滥的灾祸。因治水有功，被舜选为继承人，舜死后担任部落联盟领袖。

〔译文〕

六弟九月的信，对于他自己近来的毛病很有自知之明，正好下功夫把毛病治好，但又说自己一天到晚闲散无事，这就是我不明白的了。家中的事务，弟弟们不必去管。天破了自有女娲氏去补天，洪水大了自有禹王去治水，家里的事有堂上大人管，外边的事有我管，弟弟们只安心管好自己的功课就好，何必去过问其他事情呢？

至于宗族姻党[①]，无论他与我家有隙无隙，在弟辈只宜一概爱之敬之。孔子曰："泛爱众而亲仁[②]。"孟子曰："爱人不亲反其仁，礼人不答反其敬。"此刻未理家事，若便多生嫌怨，将来当家立业，岂不个个都是仇人？古来无与宗族乡党为仇之圣贤，弟辈万不可专责他人也。

〔注释〕

①姻党：姻族。

②泛爱众而亲仁：语出《论语·学而》。泛爱，博爱。众，众人。亲仁，亲近有仁德的人。

〔译文〕

至于宗族姻亲，不管他与我们家有没有嫌隙，弟弟们只宜一概地去爱他们、敬他们。孔子说："广泛地爱众人，亲近有仁德的人。"孟子说："我爱别人，别人却不亲近我，自己要反躬自省是不是自己的仁爱还不够；我以礼待别人别人却不理睬我，自己要反躬自省是不是自己还不够恭敬。"现在没有管理家事便生出许多嫌怨，那将来当家立业了，岂不个个都成了仇人？自古以来，没有和宗族、乡党结仇的圣贤之人，弟弟们不要总是专门指责别人。

十一月信言观看《庄子》并《史记》[①]，甚善。但作事必须有恒，不可谓考试在即，便将未看完之书丢下。必须从首至尾，句句看完。若能明年将《史记》看完，则以后看书不可限量，不必问进学与否也。贤弟论袁诗、论作字亦皆有所见[2]，然空言无益，须多做诗、多临帖乃可谈耳。譬如人欲进京，一步不行，而在家空言进京程途，亦何益哉？即言之津津，人谁得而信之哉？

〔注释〕

①《庄子》：书名。战国时庄周撰。《汉志》著录五十二篇，今传者为晋郭象本，仅三十三篇，唐时改称《南华经》。古注有晋司马彪、向秀、郭象等，又有唐成玄英疏、清王先谦集解、郭庆藩集释。其书大要与《老子》相近，文辞汪洋恣肆，旨趣深奥。

②袁诗：袁枚的诗歌作品。

〔译文〕

十一月的信中说现在正在看《庄子》和《史记》，很好。但做事必须有恒心，不可以因为考试在即，便把没有看完的书丢下。必须从头到尾，一句一句看完。如果明年能够把《史记》看完，那么以后看书便不可限量，不必去问能否进学。贤弟讨论袁诗和书法也都有见解，但是空说没有益处，必须自己多作诗、多临帖，才谈得到有体会。比如说有人要进京城，坐着一步也不走，却在家里空口说进京的旅程，这又有什么益处？你即使说得津津有味，又有谁相信呢？

九弟之信所以规劝我者甚切，余览之不觉毛骨悚然。然我用功，实脚踏实地，不敢一毫欺人。若如此做去，不作外官，将来道德文章必粗有成就[①]。上不敢欺天地祖父，下不敢欺诸弟与儿子也。而省城之闻望日隆，即我亦不知其所自来。我在京师，惟恐名浮于实，故不先拜一人，不自诩一言[②]，深以过情之闻为耻耳。

〔注释〕

①粗有：小有。粗，略微。

②自诩（xǔ）：自夸，自耀。

〔译文〕

九弟的来信对我的规劝都切中要害，我看后不觉毛骨悚然。但我用功，实在是脚踏实地，不敢有一丝一毫欺骗别人。如果这么做下去，就是不做外官，将来在道德文章方面也必小有成就。上不敢欺骗天地祖父，下不敢欺骗诸位弟弟与晚辈。而我在省城的声望是越来越高，就连我自己也不知道这究竟是怎么回事。我在京城，只怕名望超过了实际，所以不主动拜访一个人，不自吹一句话，深以超乎情理的称许为耻辱。

来书写大场题及榜信[①]，此间九月早已知之。惟县考案首、前列及进学之人[②]，则至今不知。诸弟以后写信，于此等小事及近处族戚家光景，务必一一详载。季弟信亦谦虚可爱，然徒谦亦不好，总要努力前进。此全在为兄者倡率之。余他无可取，惟近来日日有恒，可为诸弟倡率。四弟、六弟纵不欲以有恒自立,独不怕坏季弟之样子乎?

〔注释〕

①大场:明清时称乡试试场,亦指乡试。

②县考:县试。案首:明清时代童生参加府、州或县学考试而获得秀才第一名。

〔译文〕

来信写的大场题目和发榜的讯息,这边九月间早已知道了。只有县考的头名、前几名和进学的人,至今还不知道。诸位弟弟以后写信,对于这些小事以及附近亲戚家的情形,务必一一详细写明。季弟的信也谦虚可爱,但仅是谦虚也不好,总要努力进步才行。这全在于做哥哥的倡导和做表率。我没有什么可取之处,只是近来做事学习坚持有恒,可作为弟弟们的表率。四弟、六弟即使不想有恒自立,难道不怕季弟跟着样子学坏吗?

昨十六日卓秉恬拜大学士①,陈官俊得协办大学士。自王中堂死后,隔三年,大学士始放人,亦一奇也。

书不宣尽。

兄国藩手具。

〔注释〕

①大学士:职官名。始于唐中宗景龙二年。宋沿袭之,昭文馆、集贤殿置之。明代专设之,为宰辅之官,职务为批答奏章,整理政务。清沿之,

为文臣中职位最高者。

〔译文〕

日前十六日卓秉恬官拜大学士,陈官俊得任协办大学士。自王中堂死后,时隔三年大学士才任命人选,也是一大怪事。

其余的不一一说了。

兄国藩亲笔。

4.咸丰八年十二月十六日
致诸弟·家庭不可说利害话

〔题解〕

在与弟弟的通信中,沅弟说在家庭里不可以说利害的话。曾国藩认为此话是金玉良言,深以为然,还由此反思自己平生处世,对自己曾说些利害的话,感到十分后悔惭愧。为人处世能做到行事合乎情理已是不容易,但如此尚不足够,还要注意无论在外还是在家,都要尽量做到不说利害伤人之言语,以免日后自己以此为憾。此外,文中还举例说了"吉凶同域,忧喜并时"的感慨。面对喜忧相伴的人生,我们更应妥当谨慎地认真生活。

澄侯、沅甫、季洪老弟左右:

十五日接澄、沅冬月廿九、三十两函[①],得悉叔父大人于二十七日患病,有似中风之象[②]。

〔注释〕

①冬月：农历十一月。

②中风：病症名。多由脑血管栓塞或发生血栓、脑溢血等引起。初起时突然头痛、眩晕，短时间内失去知觉。得病后身子偏瘫或截瘫，严重时即时死亡。

〔译文〕

澄侯、沅甫、季洪老弟左右：

十五日接到澄侯、沅甫冬月二十九、三十日的两封信，得知叔父大人在二十七日生病，有像中风的迹象。

吾家自道光元年即处顺境，历三十余年，均极平安。自咸丰年来，每遇得意之时，即有失意之事相随而至。壬子科，余典试江西[①]，请假归省[②]，即闻先太夫人之讣[③]。甲寅冬，余克武汉田家镇，声名鼎盛，腊月廿五甫奉黄马褂之赏[④]，是夜即大败，衣服、文卷荡然无存。六年之冬、七年之春，兄弟三人督师于外，瑞州合围之时[⑤]，气象甚好，旋即遭先大夫之丧[⑥]。今年九弟克复吉安，誉望极隆，十月初七接到知府道衔谕旨[⑦]，初十即有温弟三河之变。此四事者，皆吉凶同域，忧喜并时，殊不可解。现在家中尚未妄动，妥慎之至。余在此则不免皇皇[⑧]。所寄各处之信，皆言温弟业经殉节矣，究欠妥慎，幸尚未入奏。将来拟俟湖北奏报后再行具疏也[⑨]，家中亦俟奏报到日乃有举动。诸弟老成之见⑩,贤于我矣。

〔注释〕

①典试:主持考试之事。

②归省(xǐng):回故乡探望父母。

③讣(fù):报丧,报丧的通知。

④黄马褂:清代的一种官服。凡领侍卫内大臣、护军统领等,皆服黄马褂。后也赐与有军功的臣下。

⑤合围:四周环围。多指作战或打猎时从四面包围。

⑥旋即:马上,立刻。

⑦道衔:道一级的官衔。

⑧皇皇:亦作“惶惶”“遑遑”,徬徨不安的样子。

⑨具疏:备文分条陈述。

⑩老成之见:成熟周到的见解。

〔译文〕

我家从道光元年就处在顺境之中,经历了三十多年,都非常平安。从咸丰年开始,每每碰到得意的事,便有不得意的事相继而来。壬子年科考,我做江西乡试主考,请假回家探亲,就听到祖母病故的消息。咸丰四年冬季,我收复武汉田家镇,名声大振,腊月二十五日刚刚接到圣赐黄马褂,当天晚上就遭遇九江大败,连衣服、文卷都丢光了。咸丰六年之冬、七年之春,兄弟三人在外面统率军队,合围瑞州的时侯,形势很好,随即遭遇先父的丧事。今年九弟收复吉安,荣誉和名声正隆之时,十月初七接到简选出任知府并加道衔的谕旨,初十便发生了温弟在三河镇的变故。这四件事,都是吉凶同在,忧喜同时,难以解释。现在家里还没有草率行动,妥当慎重得很。我在这儿免不了徬徨不安。寄给各处的信,都说温弟已经牺牲了,究竟是欠妥当谨慎的,幸亏还没有上奏。以后准备等湖北奏报之后再上疏禀报,家里也等奏报到达时才有举动。诸位弟弟成熟周到的见解,比我高明。

叔父大人之病,不知近状如何?兹专发六归,送鹿茸一架,即沅弟前次送我者。此物补精血远胜他药,或者有济。

〔译文〕

叔父大人的病,不知近来怎样?现专门派发六回去,送鹿茸一架,就是沅弟上次送我的。鹿茸补精益血远远胜过其他药物,或许有点效果。

迪公、筱石之尸业经收觅,而六弟无之,尚有一线生理。若其同尽,则六弟遗骸必去迪不远也。

〔译文〕

迪公、筱石的尸体已经找到,但六弟的却没有找到,还有一线希望。如果同时牺牲,那么六弟的尸体离迪公一定不远。

沅弟信言家庭不可说利害话,此言精当之至,足抵万金。余生平在家在外,行事尚不十分悖谬[①],惟说些利害话,至今悔憾无极。

〔注释〕

①悖谬:荒谬,不合常理。

〔译文〕

沅弟信中说家庭中不可以说利害的话,这句话非常精辟正确,足以抵万金。我平时在家里在外面办事还不是十分荒谬不合常理,只是(有时)说些利害的话,至今感到十分后悔惭愧。

5.咸丰十年闰三月二十九日致四弟·治家之道,有八字诀

〔题解〕

此信主要讲述了治家的八字诀,即"书、蔬、鱼、猪、早、扫、考、宝",并着重阐释了后四字,包括日常生活习惯,如早起、打扫,也包括敬亲友邻的为人处世之道。这些治家方略,成就了曾家的良好家风。

澄侯四弟左右:

廿七日接弟信,欣悉各宅平安。沅弟是日申刻到,又得详问一切,敬知叔父临终毫无抑郁之情,至为慰念。

〔译文〕

澄侯四弟左右:

二十七日接到你的信,欣喜地知道全家平安。沅弟当天申

刻到我这里，又详细了解了一切，恭敬地得知叔父临终前丝毫没有一点压抑忧郁的情绪，很感安慰。

余与沅弟论治家之道，一切以星冈公为法。大约有八字诀，其四字即上年所称“书、蔬、鱼、猪”也，又四字则曰“早、扫、考、宝”。“早”者，起早也；“扫”者，扫屋也；“考”者，祖先祭祀，敬奉显考、王考、曾祖考①，言考而妣可该也②；“宝”者，亲族邻里，时时周旋，贺喜吊丧③，问疾济急④。

〔注释〕

①显考：子女对亡父的敬称。王考：对已故祖父的敬称。曾祖考：对已故的曾祖父的敬称。

②妣(bǐ)：原指母亲，后称已经死去的母亲。

③吊丧：慰问丧家，祭奠死者。

④问疾：探问疾病。济急：救人急难。

〔译文〕

我和沅弟讨论治家的方法，一切可以星冈公为准则。大约有八字口诀，其中四个字就是上年说过的“书、蔬、鱼、猪”，还有四个字就是“早、扫、考、宝”。“早”字，是早起的意思；“扫”字，是打扫屋子、洒扫庭院；“考”字，是祭祀祖先，恭敬地祭祀亡故的父亲、祖父、曾祖父，说父亲、祖父，当然母亲、祖母也包括在内；“宝”字，是指亲戚邻居，时时往来，祝贺喜事，丧吊唁事，问候疾病，救人急难。

星冈公常曰："人待人，无价之宝也。"星冈公生平于此数端，最为认真，故余戏述为八字诀曰："书、蔬、鱼、猪，早、扫、考、宝"也。此言虽涉谐谑[①]，而拟即写屏上，以祝贤弟夫妇寿辰，使后世子孙知吾兄弟家教[②]，亦知吾兄弟风趣也[③]，弟以为然否？

〔注释〕

①谐谑（xuè）：诙谐戏谑。

②家教：家庭中的礼法或指父母对子女的管教。

③风趣：风格，意趣。

〔译文〕

星冈公经常说："人对人好，真是无价之宝。"星冈公生平对这些治家方略，执行得最为认真，所以我把它总结为很有意思的八字诀："书、蔬、鱼、猪，早、扫、考、宝。"这似乎有点诙谐逗趣，但我准备写在屏条上，用来祝贺贤弟夫妇的寿辰，使后世子孙懂得我们兄弟的家教，也知道我们兄弟的风格和意趣，不知老弟你以为如何？

6.同治六年五月初五日
致四弟·耕读二字，长久之计

〔题解〕

曾家门庭鼎盛，不仅曾国藩位高权重，其弟曾国荃也封一等

伯爵。门庭煊赫却常恐大名加身，招致不祥，故曾国藩在家书中多次告诫弟弟们要谨守耕读之训。在此信中，曾国藩亦以耕读之训教训子侄后辈，提出"以耕读二字为本，乃是长久之计"。

澄弟左右：

吾乡雨水沾足，甲五、科三、科九三侄妇皆有梦熊之祥①，至为欣慰！吾自五十以后百无所求，惟望星冈公之后丁口繁盛②，此念刻刻不忘。吾德不及祖父远甚，惟此心则与祖父无殊③。弟与沅弟望后辈添丁之念④，又与阿兄无殊。或者天从人愿，鉴我三兄弟之诚心，从此丁口日盛，亦未可知。且即此一念，足见我兄弟之同心。无论何房添丁，皆有至乐。和气致祥，自有可卜昌盛之理⑤。

〔注释〕

①梦熊：古人以梦中见熊罴为生男的征兆。后以"梦熊"作生男的颂语。语本《诗经·小雅·斯干》。

②丁口：人口。丁，成年男子。口，女子及未成年男子。

③无殊：没有差别。

④添丁：生儿子。

⑤卜：预料，估计。

〔译文〕

澄弟左右：

我们家乡雨水充足，甲五、科三、科九三个侄儿媳妇都有生男的祥兆，我很高兴欣慰。我自从五十岁以后百无所求，只希望星冈公的后代人口兴旺，这个念头时刻都记在心里。我的德行比祖辈、父辈差太远，只有这个心愿与他们没有区别。澄弟、沅弟希望后辈中多添几个男孩的念头，又和我没有什么区别。或许天从人愿，看到我们兄弟的诚心，从此家中人丁一天天兴旺，这也是极有可能的。并且就是这个想法，足见我们兄弟的同心。不管哪一房得了男孩，都是极大的喜事。家庭和睦就能带来祥瑞，这自然就预示着家族的昌盛。

沅弟自去冬以来忧郁无极。家眷拟不再接来署①。吾精力日衰，断不能久作此官。内人率儿妇辈久居乡间，将一切规模立定，以“耕读”二字为本②，乃是长久之计③。

〔注释〕

①署：官署，办理公务的机关。

②耕读：利用农耕之余，致力学问的生活方式。比喻勤苦恬淡。

③长久之计：长远妥当的打算。

〔译文〕

沅弟从去年冬天以来，忧愁抑郁很厉害。家眷打算不接到官署来了。我的精力一天天衰弱，绝不能长久做这个官了。内人带着儿子、媳妇等长期住在家乡，将一切规矩立下，以“耕读”二字为立家根本，才是长远妥当的打算。

（三）交友

1.道光二十四年正月二十六日 致诸弟·求师求友，事皆贵专

〔题解〕

“凡事皆贵专”，不论是求师，还是求友，都当专一。没有专一的宗旨，见异思迁，贪恋这边，又贪恋那边，是万万不可的。求师不专一，那受益也很难深入；求友不专，那便是博爱而没有至交，是所有人的朋友，却没有谁是真朋友。信末，提及六弟的信字迹太潦草，并认为这是关系一生福分的事，所以要提醒六弟注意。

四位老弟左右：

正月二十三日接到诸弟信，系腊月十六在省城发。不胜欣慰！四弟女许朱良四姻伯子孙[1]，兰姊女许贺孝七之子，人家甚好。可贺！惟蕙妹家颇可虑[2]，亦家运也[3]。

〔注释〕

①许:女方接受男方求亲。

②可虑:令人忧虑。

③家运:家庭的运数。

〔译文〕

四位老弟左右:

正月二十三日接到弟弟们的信,是腊月十六日在省城所发的。不胜欣慰!四弟的女儿许配朱良四姻伯的孙子,兰姐的女儿许配贺孝七的儿子,这两家都很好。可喜可贺!只是惠妹家的情况很值得忧虑,也是家运啊。

六弟、九弟今年仍读书省城,罗罗山兄处附课甚好。既在此附课,则不必送诗文与他处看,以明有所专主也。凡事皆贵专。求师不专,则受益也不入;求友不专,则博爱而不亲。心有所专宗,而博观他途以扩其识,亦无不可。无所专宗,而见异思迁[①],此眩彼夺,则大不可。罗山兄甚为刘霞仙、欧晓岑所推服,有杨生(任光)者,亦能道其梗概,则其可为师表明矣[②],惜吾不得常与居游也。

〔注释〕

①见异思迁:见到新奇的事物就改变心意。比喻意志不坚定。

②师表：足为表率、可以让人效法的人。

〔译文〕

六弟、九弟今年仍旧在省城读书，在罗罗山那里跟着听课很好。既然在那里上课，就不必送诗文给其他老师批阅了，以表明有所专主。任何事情都贵在专一。求师不专，那就不会有很深的受益；求友不专，那便是博爱而没有至交。内心以专一为指向，而博采众长来增长见识，也不是不可以。心里没有专一的宗旨而见异思迁，贪恋这边又贪恋那边，那是不可以的。罗山兄很为刘霞仙、欧晓岑所推崇，有一个叫杨任光的，也能说出他的大概情况，罗山兄可以为人师表是明确无误的了，可惜我不能常常和他一起交流。

在省用钱，可在家中支用，银三十两，则够二弟一年之用矣，亦在吾寄一千两之内。予不能别寄与弟也。

〔译文〕

在省城的用费，可在家里支用，三十两银子应该够两个弟弟一年的用度，也在我寄给家里的一千两内。我不能另外再寄给弟弟了。

我去年十一月廿日到京，彼时无折差回南，至十二月中旬始发信。乃两弟之信，骂我糊涂，何不检点至此！赵子舟与我同行，曾无一信，其糊涂更何如耶？余自去年五月底至腊月初，未尝接一家信。我在蜀，可写信由京寄；岂家中信不可由京寄蜀耶？又将骂何人糊涂耶？凡动笔不可不检点。

〔译文〕

我去年十一月二十日到京，那时没有信差回湖南，到十二月中旬才发信。结果两个弟弟来信骂我糊涂，怎么可以这样不检点！赵子舟和我同路，一封信也没有写，照你们的说法不就更糊涂了吗？我自去年五月底到腊月初，没有接过一封家信。我在四川，可以写信由京城寄回家里，难道家里不可以写信由京城转寄四川吗？那又骂谁糊涂呢？凡下笔不可以不检点。

陈尧农先生信至今未接到。黄仙垣未到京。家中付物，难于费心，以后一切布线等物，均不必付。九弟与郑、陈、冯、曹四信，写作俱佳。可喜之至！六弟与我信，字太草率。此关乎一生福分，故不能不告汝也。四弟写信，语太不圆。由于天分，吾不复责。

余容续布，诸惟心照①。

兄国藩手具。

〔注释〕

①心照：彼此心里明白。

〔译文〕

陈尧农先生的信至今没有接到。黄仙垣没到京城。家中托人带的东西，很是费心，以后一切布、线等物，都不必往这里稍带了。九弟给郑、陈、冯、曹的四封信，文字和书法都好。可喜之至！六弟给我的信，字太潦草。这是关系一生福分的事，所以不能不给你指出来。四弟写信，语言太不圆熟。因为天分所限，我不再责备他。

其余的容我以后再写，各种事情彼此心照不宣。

兄国藩亲笔。

2.道光二十五年四月二十四日
致诸弟·得见树堂，殷勤亲近

〔题解〕

学贵得师，亦贵得友。在求学的成长过程中，只有亲近良师益友，才能得到真正的教益和帮助。正因如此，冯树堂离开后，曾国藩建议弟弟们如果在省城遇见他，一定要殷勤亲近；冯树堂这样的良师益友，亲近越久，得益越多。

四位老弟左右：

四月十六日曾写信交折弁带回，想已收到。十七日朱啸山南归，托带纹银百两、高丽参一斤半、书一包计九套。兹因冯树堂南还，又托带寿屏一架、狼兼毫笔二十枝、鹿胶二斤、对联条幅一包（内金年伯耀南四条、朱岚暄四条、萧辛五对一幅、江岷山母舅四条、东海舅父四

条、父亲横披一个、叔父折扇一柄)，乞照单查收①。前信言送江岷山、东海高丽参六两，送金耀南年伯参二两，皆必不可不送之物，惟诸弟禀告父亲大人送之可也。

〔注释〕

①乞:引申为请求，希望。

〔译文〕

四位老弟左右:

四月十六日曾写信交信差带回，想必家里已收到。十七日朱啸山回湖南，托他带一百两银子、一斤半高丽参、一包书共九套。现因冯树堂回湖南，又托他带寿屏一架、狼兼毫笔二十枝、鹿胶二斤、对联条幅一包(内有:金年伯耀南四条、朱岚暄四条、萧辛五对一幅、江岷山母舅四条、东海舅父四条、父亲横批一个、叔父折扇一柄)，请照单查收。前不久的信上说送江岷山、东海两人高丽参各六两，送金耀南年伯参二两，都是一定要送的，只是弟弟们要禀告父亲大人再送。

树堂归后，我家先生尚未定。诸弟若在省得见树堂，不可不殷勤亲近。亲近愈久，获益愈多。今年湖南萧史楼得状元，可谓极盛。八进士皆在长沙。黄琴坞之胞兄及令嗣皆中①，亦长沙人也。

余续具。

兄国藩手草。

〔注释〕

①令嗣:敬称他人的儿子。

〔译文〕

树堂回去后,我家还没有确定由谁来教书。弟弟们如果在省城遇见树堂,不可不殷勤亲近。亲近越久,得益越多。今年湖南萧史楼得了状元,可说盛况空前。八个进士都在长沙。黄琴坞的胞兄及儿子都考中了,也是长沙人。

其余的以后再写。

兄国藩亲笔。

3.咸丰八年二月十七日
致九弟·同甘苦患难,莫留愧歉

〔题解〕

李元度(字次青)是最早追随曾国藩的心腹幕僚之一,也是与曾国藩私人感情最为真挚的朋友。两人之间也曾产生过很大矛盾,李元度曾被曾国藩一而再、再而三地参劾,但两人仍“情谊之厚,始终不渝”,曾国藩自言“在外多年,独独对他心有内疚”。在此信中曾国藩也表达了对他的关怀之情:只要次青能够活着回来与我相见,那么同甘共苦的几个人中,还不至于留下莫大的遗憾。

沅甫九弟左右：

十四日发第八号信，交春二等带往，并带璧还金、史西处银二百二十两，想将收到。是夕接弟初七夜信，得知一切。贵溪紧急之说确否？近日消息何如？次青非常之才，带勇虽非所长，然亦有百折不回之气。其在兄处，尤为肝胆照人，始终可感。兄在外数年，独惭无以对渠。去腊遣韩升至李家，省视其家[1]，略送仪物[2]。又次青约成婚姻，以申永好。目下两家儿女无相当者，将来渠或三索得男，弟之次女、三女可与之订婚，兄信已许之矣。在吉安，望常常与之通信。专人往返，想十余日可归也。但得次青生还与兄相见，则同甘苦患难诸人中，尚不至留莫大之愧歉耳[3]。

〔注释〕

①省视：审察探看。

②仪物：用于礼仪的器物。

③愧歉：愧疚而感到抱歉。

〔译文〕

沅甫九弟左右：

十四日发出了第八号信，交给春二等人带回去，并带回还给金、史二人的二百二十两银子，我想你已经收到了，当天晚上接到你初七晚上的来信，一切情况都已知道。贵溪紧急的说法确实吗？近日的消息如何？次青是非同寻常的人才，带兵虽不是他的长处,但是也有百折不回的气概。他与为兄相交,尤其肝胆照人,始终叫人感佩。为兄在外多年,独独对他心有内疚。去年腊月派韩升到李家探视,略送了一点礼品。又与次青相约两家结亲,表明两家永久通好。眼下两家的儿女没有年纪相当的,将来他再得儿子,弟弟你的二女儿、三女儿可以与他家订婚,为兄在信里已答应他了。弟弟你在吉安,希望能和他常常通信。派专人往返,我想十多天他就可以回来。只要次青能够活着回来与为兄相见,那么同甘共苦的几个人中,还不至于留下莫大的遗憾。

昔耿恭简公谓:“居官以耐烦为第一要义”,带勇亦然。兄之短处在此,屡次谆教弟亦在此。二十七日来书,有云:“仰鼻息于傀儡膻腥之辈[①],又岂吾心之所乐?”此已露出不耐烦之端倪[②],将来恐不免于龃龉[③]。去岁握别时,曾以惩余之短相箴,乞无忘也。

〔注释〕

①仰鼻息:迎合别人的意旨。傀儡:比喻徒有虚名,没有主见,甘心任人操纵的人或组织。膻腥:比喻利禄或市俗的生活。

②端倪(ní):事情的头绪迹象。

③龃龉(jǔyǔ):上下牙齿对不齐。比喻意见不合,互相抵触。

〔译文〕

从前耿恭简公说:“做官以忍耐烦恼为第一重要义”,带兵也一样。为兄的短处就在不耐烦,多次谆谆教导弟弟,也是因为这个。弟弟二十七日来信说:“要我迎合别人的意旨,听命于那些满身膻腥的傀儡们,又哪里是我心里所乐意的?”这已暴露出不耐烦的苗头,将来恐怕难免发生摩擦。去年握手道别时,曾经以我的短处作为告诫你的箴言,恳请弟弟不要忘记了。

李雨苍于十七日起行赴鄂。渠长处在精力坚强,聪明过人;短处即在举止轻佻,言语伤易,恐润公亦未能十分垂青。澄侯弟于十五日上永丰,十九可归。温甫弟于廿一日起程,大约三月半可至吉安也。九弟妇日内痊愈,业在地下照料一切。展转床褥已历弥月,亦由体气素弱之故。以后再服补剂,必有大裨,弟尽可放心。余不一一。兄国藩手草。

〔译文〕

李雨苍十七日起程去湖北。他的长处是毅力坚强,聪明过人;短处在于举止轻佻,言语伤人,恐怕润公也未必能十分垂青他。澄侯弟在十五日去永丰,十九日可以回来。温甫弟在二十一日起程,大约三月十五日可到达吉安。九弟妇由于身体一直都很虚弱,这次卧床养病已一个多月,这几天已经痊愈,可以下地照顾家里的一切事物。以后再吃些补养身体的药,必然大有益处,弟弟尽管放心。其他的就不一一细说了。兄国藩手草。

4.同治元年六月初二日 致九弟、季弟·负次青实甚，余不惮改过

〔题解〕

曾国藩认为自己生平很少辜负朋友，唯有负于次青实在太多。在弟弟的规劝下，更感觉有负次青，悔愧得无地自容。他希望两位弟弟能帮他设法尽力挽回，只要有能够挽回的地方，他一定勇于改过。知错能改，善莫大焉。生活中，每个人都难免会犯错，但只要知错能改，不再犯同样的错误就好。我们不就是在犯错、改错中不断成长和强大的吗？

沅、季弟左右：

湖南之米，昂贵异常。东征局无米解来，安庆又苦于碾碓无多，每日不能舂出三百石，不足以应诸路之求。每月解子、药各三万斤，不能再多。望弟量入为出，少操几次[①]，以省火药为嘱。扎营图阅悉。得几场大雨，吟、昆等营必日松矣。处处皆系两层，前层拒城贼，后层防援贼，当可稳固无虞。少泉代买之洋枪，今日交到一单，待物到即解弟处。洋物机括太灵，多不耐久，宜慎用之。

〔注释〕

①操：操练，演习。

〔译文〕

沅弟、季弟左右：

湖南的米，非常昂贵。东征局快没有米解送来营，安庆又苦于没有足够的碾子碓子，每天舂米不超过三百石，不足以供应各路官兵的需求。每月解送子弹、火药各三万斤，不能再多了。希望弟弟量入为出，少操演几次，以节省火药要紧。扎营地图我已看过了。下几场大雨，"吟"字、"昆"字等营的防守一定会一天比一天松懈。营地战壕处处都要分两层，前一层是抵抗城里的敌人，后一层是防备支援的敌人，应当可以稳固没有危险。少泉代买的洋枪，今天收到了一批，等货到了马上解送弟弟营中。洋枪机括太灵，大多不耐久用，应该慎重使用。

次青之事，弟所进箴规①，极是极是！吾过矣！吾过矣！吾因郑魁士享当世大名，去年袁、翁两处及京师台谏尚累疏保郑为名将②，以为不妨与李并举，又有郑罪重、李情轻暨王锐意招之等语，以为比前折略轻。逮拜折之后，通首读来，实使次青难堪。今得弟指出，余益觉大负次青，愧悔无地。余生平于朋友中，负人甚少，惟负次青实甚。两弟为我设法，有可挽回之处，余不惮改过也。

〔注释〕

①箴规：劝诫规谏。

②台谏：唐宋时以专司纠弹的御史为台官，以职掌建言的给事中、谏议大夫等为谏官。两者虽各有所司，而职责往往相混，故多以“台谏”泛称之。明初废谏院，以给事中兼领监察与规谏，两者开始合流。至清雍正元年，又使之同隶都察院，于是台谏完全合二为一。

〔译文〕

次青的事，弟弟对我的规劝，很对很对！是我的过失！是我的过失！我因为郑魁士享当世大名，去年袁、翁两处以及京城的御史，还多次上疏力保郑为名将，认为不妨和李次青相提并论；我又有郑罪重、李情轻及王有龄刻意招他这些话，以为比前面的奏折分量减轻了。等到呈上奏折以后，读读通篇文字，实在使次青难堪。现在弟弟指出来，我更感觉有负次青，悔愧得无地自容。我生平对于朋友，很少辜负人家，只有负于次青实在太多。两位弟弟帮我设法，只要有能够挽回的地方，我一定勇于改过。

（四）理财

1.道光二十四年三月初十日
禀祖父母·汲汲馈赠，持盈保泰

〔**题解**〕

曾国藩身为朝廷重臣，大权在握却也常常入不敷出，甚至欠债。在他的家书中，我们不止一次地看到曾国藩为兄弟的学费、家中的用度等颇为费心地筹措。尽管自己并不富裕，曾国藩还是要先馈赠穷困的亲戚族人。他认为家里的债，现在即使不还以后还可以还，送人的事，现在不做以后便只有后悔了。原因在于：一是我家气运太盛了，需格外小心，要注意持盈保泰的道理。二是各亲戚家都是穷困而年老的，现在不略加资助，那以后不知怎么样。

孙国藩跪禀祖父母大人万福金安：

二月十四，孙发第二号信，不知已收到否？孙身体平安，孙妇及曾孙男女皆好。孙去年腊月十八曾寄信到

家，言“寄家银一千两，以六百为家中还债之用，以四百为馈赠亲族之用”。其分赠数目，另载寄弟信中，以明不敢自专之义也。后接家信，知兑啸山百三十千，则此银已亏空一百矣。顷闻曾受恬丁艰[1]，其借银恐难遽完[2]，则又亏空一百矣。所存仅八百，而家中旧债尚多。馈赠亲族之银，系孙一人愚见，不知祖父母、父亲、叔父以为可行否？伏乞裁夺。

〔**注释**〕

①丁艰：丁忧，亦称丁家艰。指遭逢父母丧事。

②遽(jù)完：迅速归还。遽，快，迅速。

〔**译文**〕

孙儿国藩跪禀祖父母大人万福金安：

二月十四日，孙儿我寄出第二封信，不知已收到没有？孙儿身体平安，孙媳妇及曾孙子曾孙女都好。孙儿去年腊月十八日曾经寄信回家，说“寄给家里银子一千两，其中六百两用来还债，四百两用来赠送亲戚族人”。分送数目另写在给弟弟的信中，以表明我不敢自己专断。后来接到家信，知道已经在朱啸山那儿兑钱一百三十千，那这笔银子便少了一百两。刚刚听说曾受恬家里有丧事，他借的银子恐怕难以迅速归还，这就又亏空一百两。所剩仅仅八百两，而家里的旧债还很多。送亲戚族人的钱，是孙儿一个人的愚蠢见解，不知祖父母大人、父亲、叔父以为可行不可行？希望祖父大人定夺。

孙所以汲汲馈赠者，盖有二故：一则我家气运太盛，不可不格外小心，以为持盈保泰之道[①]。旧债尽清，则好处太全，恐盈极生亏。留债不清，则好中不足，亦处乐之法也。二则各亲戚家皆贫而年老者，今不略为佽助[②]，则他日不知何如。自孙入都后，如彭满舅曾祖、彭王姑母、欧阳岳祖母、江通十舅，已死数人矣。再过数年，则意中所欲馈赠之人，正不保何若矣。家中之债，今虽不还，后尚可还。赠人之举，今若不为，后必悔之。此二者，孙之愚见如此。然孙少不更事，未能远谋，一切求祖、父、叔父作主，孙断不敢擅自专权。其银待欧阳小岑南归，孙寄一大箱，衣物、银两概寄渠处，孙认一半车钱。彼时再有信回。

孙谨禀。

〔注释〕

①持盈保泰：处在极盛时要谦逊谨慎以保平安。

②佽(cì)助：帮助，资助。

〔译文〕

孙儿所以急于送赠，有两个缘故：一是我家气运太盛了，不可以不格外小心，要注意持盈保泰的道理。旧账还尽，那么好处就被我们家占全了，恐怕盈到极点便转为亏损。留些债不还清，那虽嫌美中不足，但也是处于乐境的办法。二是各亲戚家都是穷困而年老的，现在不略加资助，那以后不知怎么样。自从孙儿进京后，如彭满舅曾祖、彭王姑母、欧阳岳祖母、江通十舅，已死了好几位。再过几年，那我们想要送赠的人中，还不知道能剩几个。家里的债，现在即使不还，以后还可以还。送人的事，现在不做，以后便只有后悔了。这两个说法，是孙儿的愚见。然而孙儿年轻不懂事，没什么远见，一切求祖父、父亲、叔父做主，孙儿绝不敢自己专权。这笔银子等欧阳小岑回湖南时，孙儿寄回一大箱，衣物和银两一概寄在他那里，孙儿负担一半路费。那时还会有信寄回。

孙儿谨禀。

2.道光二十五年六月十九日
禀父母·借款若未到，须专人去取

〔题解〕

曾国藩不仅治学、治家颇有心得，还有自己的理财之道，此信中便可见一二：一是需列出赠送亲戚族人银子的全部清单，一是取借款须专人去取。

男国藩跪禀父母大人万福金安：

五月三十日发第七号家信，内有升官谢恩折及四弟、九弟、季弟诗文，不知到否？

〔译文〕

儿国藩跪禀父母亲大人万福金安：

儿子五月三十日发的第七封家信，里面有升官谢恩的折子

和四弟、九弟、季弟的诗文，不知收到了没有？

男于五月中旬出瘟疹①，服药即效，已全愈矣，而余热未尽，近日头上生癣，身上生热毒②，每日服银花、甘草等药。医云："内热未散，宜发出，不宜遏抑。身上之毒，至秋即可全好。头上之癣，亦不至蔓延。"又云："恐家中祖茔上有不洁处③，虽不宜挑动，亦不可不打扫。"男以皮肤之患，不甚经意，仍读书应酬如故，饮食起居，一切如故。男妇服附片、高丽参、熟地、白术等药，已五十余日，饭量略加，尚未十分壮健，然行事起居亦复如常。孙男女四人并皆平安。家中仆婢皆好。

〔注释〕

①瘟疹：指病人身上有斑或疹等症状的急性传染病，如猩红热、斑疹伤寒等。

②热毒：中医病症名。即温毒。指火热病邪郁结成毒。也是疔疮、丹毒、热疖等急性热病的统称。

③祖茔：祖辈的坟地。

〔译文〕

儿子我在五月中旬出瘟疹，吃药马上见效，已经好了，但余热没有退尽，近日头上生癣，身上生热毒，每天吃银花、甘草这些药。医生说："内热没有散，应让它发出来，不宜压下去。身上的热毒，到秋天就能全好了。头上的癣，也不至于蔓延。"又说：

“恐怕祖坟上有不干净的地方,虽说不宜去挑坟动土,但也不可以不打扫。”儿子我认为只是皮肤病,不很留意,仍和从前一样读书、应酬,饮食起居一切照常。您儿媳妇吃附片、高丽参、熟地、白术等药,已五十多天,饭量稍微增加,还不是十分健壮,但做事起居也一切照常。您孙儿孙女四个都平安。家中的婢女仆人也都好。

前有信言寄金年伯高丽参二两,此万不可少,望如数分送。去年所送戚族银,男至今未见全单。男年轻识浅,断不敢自作主张,然家中诸事,男亦愿闻其详,求大人谕四弟将全单开示为望。

〔译文〕

此前有信说寄二两高丽参给金年伯,这万万不可少,希望如数分送。去年送亲戚族人的银子,儿子我至今没有见到全部清单。儿子我年轻识浅,绝不敢自作主张,但家中的各种事情,儿子我还是想详细知道,求大人命四弟把全部清单开出来给我看,我盼着回信。

诸弟考试,今年想必有所得。如得入学,但择亲属拜客,不必遍拜,亦不必请酒,盖恐亲族难于应酬也。同县邓铁松之病略好,男拟帮钱送他回家,但不知能至家否。宝庆公车邹柳溪死,一切后事皆男经理。谢吉人、黄麓西皆分发江苏,周子佩、夏阶平皆分吏部主事。

〔译文〕

弟弟们的考试，今年想必会有收获。如果能入学，只选择亲属拜客，不必全都拜，也不必请酒，因为怕亲戚族人难于应酬。同县邓铁松的病情略好，儿子我准备资助他钱送他回家，但不知是否能送到家。宝庆府进京赶考的举人邹柳溪去世了，一切后事都由儿子我办理。谢吉人、黄麓西两人分发到江苏做官，周子佩、夏阶平两人分派到吏部主事。

曾受恬去年所借钱，不知已寄到否？若未到，须专人去取，万不可再缓。如心斋亦专差，则两家同去；如渠不专差，则我家独去。家中近日用度何如？男意有人做官，则待邻里不可不略松，而家用不可不守旧。不知是否？

男国藩谨禀。

〔译文〕

曾受恬去年所借的钱，不知道已经寄到家没有？如果没有到，要专人去取，万万不可再迟了。如果心斋也派专差，那么两家一起去；如果他不派专差，那我家单独去。家中近日用度如何？儿子我的意思是家里既然有人做官，那对待邻里不可以不略为宽松，而家用不可以不照旧。不知对不对？

儿国藩谨禀。

3.道光二十九年七月十五日 致诸弟·置一义田,赡救贫民

〔题解〕

“穷则独善其身,达则兼济天下”,这是中国儒家知识分子的理想和追求。曾国藩这个不算富裕的儒者对此亦是身体力行。他不但在自己尚有债务之时坚持先馈赠银钱给年老困顿的亲戚族人,而且在自己不富足时仍坚持竭力积蓄银钱,只为置办义田、救助贫民。身居高位,不谋私利;逢遇窘境,心忧百姓。这便是儒家文化滋养出的心怀天下的士人。一本“家书”之中,不止“家事”,且关“国事”。

澄侯、温甫、子植、季洪四位老弟足下:

七月十三日接到澄弟六月初七所发第九号家信,具悉一切。吾于六月共发四次信,不知俱收到否?今年陆费中丞丁忧,闰四月无折差到,故自四月十七日发信后,直至五月中旬始再发信,宜家中悬望也[①]。祖父大人之病,日见增加,远人闻之,实深忧惧。前六月廿日所付之鹿茸片,不知何日可到,亦未知可有微功否[②]?

〔注释〕

①悬望:盼望,挂念。

②微功：细小的功劳。常用作谦辞。此处指略有功效。

〔译文〕

澄侯、温甫、子植、季洪四位老弟足下：

七月十三日接到澄弟六月初七日所发第九封家信，知道了一切情况。我在六月共发了四次信，不知都收到没有？今年陆费中丞丁忧，闰四月没有信差来，所以自四月十七日发信之后，直到五月中旬才再发信，家中应是盼望挂念了吧。祖父大人的病日益加重，远方的我听说后，着实深感忧惧。之前六月二十日所寄的鹿茸片，不知何时能到，也不知道会不会有点功效？

予之癣病，多年沉痼[①]，赖邹墨林举黄芪附片方，竟得痊愈。内人六月之病，亦极沉重，幸墨林诊治，遂得化险为夷[②]，变危为安。同乡找墨林看病者甚多，皆随手立效。墨林之弟岳屏四兄，今年曾到京，寓元通观，其医道甚好，现已归家。予此次以书附墨林家书内，求岳屏至我家诊治祖父大人，或者挽回万一，亦未可知。岳屏人最诚实，而又精明，即周旋不到[③]，必不见怪。家中只需打发轿夫大钱二千，不必别有所赠送。渠若不来，家中亦不必去请他。

〔注释〕

①沉痼（gù）：积久不愈的病。

②化险为夷：化险阻为平易。亦指转危为安。

③周旋：本为古代行礼时进退揖让的动作，后引申为应酬、交际。

〔译文〕

我的癣疾是积久不愈的病，靠邹墨林的黄芪附片方子，竟然全部好了。内人六月生的病，程度也很重，幸亏墨林诊治，才得以化险为夷，转危为安。同乡找墨林看病的很多，都手到病除。墨林的弟弟岳屏四兄，今年曾经到过京城，住在元通观，他的医术也很好，现已回家。我这次写了一封信附在墨林的家信里，求岳屏到我家诊治祖父大人，或者能挽回万一，也未可知。岳屏人最诚实，而又精明，就是有周旋不到之地方，也一定不会见怪。家中只要打发轿夫大钱二千，不必另外送东西。他如果不来，家中也不必去请他了。

乡间之谷贵至三千五百，此亘古未有者①，小民何以聊生②？吾自入官以来，即思为曾氏置一义田③，以赡救孟学公以下贫民④；为本境置义田，以赡救廿四都贫民。不料世道日苦，予之处境未裕。无论为京官者自治不暇，即使外放，或为学政，或为督抚，而如今年三江两湖之大水灾，几于鸿嗷半天下⑤，为大官者，更何忍于廉俸之外多取半文乎！是义田之愿，恐终不能偿。然予之定计⑥，苟仕宦所入，每年除供奉堂上甘旨外⑦，或稍有赢余，吾断不肯买一亩田、积一文钱，必皆留为义田之用。此我之定计，望诸弟皆体谅之。

〔注释〕

①亘(gèn)古未有:从古到今从未有过。

②聊生:赖以维持生活(多用于否定)。

③义田:泛称为赡养族人或贫困者而置的田产。

④赡(shàn)救:周济救助。

⑤鸿嗷:哀鸿遍野,比喻受灾民众很多。

⑥定计:制定计策或办法。

⑦甘旨:美味的食品。此处指生活所需。

〔译文〕

乡下的稻谷价钱贵到三千五百文,这是自古以来没有过的,老百姓将靠什么维持生活啊?我自从当官以来,就想为曾氏置办一处义田,以救助孟学公以下的贫民;为本地置办义田,以救助二十四都的贫民。不料世道越来越艰难,我因为处境不富裕,不要说京官料理自家生计还不够,就是外放当官,或做学政,或做督抚,而像今年三江两湖的大水灾,几乎半个天下都哀鸿饥号,做大官的,又如何忍心在俸禄之外多拿半文呢!因此义田的愿望,恐怕难以如愿以偿。然而我的计划,只要是官俸收入,每年除供堂上大人的生活所需之外,稍有盈余,我决不肯买一亩田、积蓄一文钱,一定都留着做置办义田的资金。我已下定决心,希望弟弟们都能体谅。

今年我在京用度较大,借账不少。八月当为希六及陈体元捐从九品,九月榜后可付照回,十月可到家,十一月可向渠两家索银，大约共须三百金。我付此项回家，此外不另附银也。率五在永丰，有人争请，予闻之甚喜。特书手信与渠，亦望其忠信成立耳。

〔译文〕

今年我在京城花费比较大，借钱不少。八月要为曾希六和陈体元各捐一个从九品官，九月发榜后可把执照寄回，十月可到家，十一月可向他们两家要钱，大约共须三百两银子。我寄这些回家，此外不另寄钱了。率五在永丰有人争着请，我听了很高兴。特意写了一封信给他，也希望他忠信自立。

纪鸿已能行走，体甚壮实。同乡各家如常。同年毛寄云于六月廿八日丁内艰①。陈伟堂相国于七月初二仙逝②，病系中痰③，不过片刻即殁④。江南、浙江、湖北皆展于九月举行乡试。闻江南水灾尤甚，恐须再展至十月。各省大灾，皇上焦劳⑤，臣子更宜忧惕之时⑥，故一切外差，皆绝不萌妄想，家中亦不必悬盼。

书不详尽。

兄国藩手草。

〔注释〕

①丁内艰：遭遇母亲去世。

②仙逝：成仙升天。指人死亡。

③中痰：旧称人的心神受痰的影响导致昏厥为“中痰”。

④殁：死，亦作“没”。

⑤焦劳：焦虑烦劳。

⑥忧惕(tì)：忧虑戒惧。

〔译文〕

纪鸿已经能行走了，身体很壮实。同乡各家像往常一样。同年毛寄云六月二十八日遭遇母亲去世。陈伟堂相国七月初二死于中痰，不到片刻便死了。江南、浙江、湖北都延迟到九月举行乡试。听说江南水灾尤其厉害，恐怕会再延期到十月。各省大灾，皇上焦虑烦劳，更是臣子们应忧虑戒惧的时候，所以我对一切外差都绝不存妄想，家中也不必悬心盼望。

信写得不详尽。

兄国藩亲笔。

4.咸丰八年五月初五日
致九弟·劝弟捐银，修立祠堂

〔题解〕

祠堂，是族人祭祀祖先或先贤的场所。祠堂有多种用途：第一，用于祭祀祖先；第二，作为各房子孙办理婚、丧、寿、喜等的场所；第三，用于族亲们商议族内的重要事务。在中国古代儒家伦理中，家族观念极为重要。通常一个村落里就生活着同一姓氏的一个家族或几个家族，多建立自己的家庙祭祀祖先。在这样的文化背景下，曾国藩对修建家族祠堂之事亦是非常重视。他即便自

己经济上并不宽裕,仍捐出多笔银子用于修建祠堂。在曾国藩看来,修建祠堂之事是自己理应承担的家族责任,如果不能实现,便是自己的罪过。因此,他不仅自己捐银,也劝弟弟捐银修立祠堂。

沅甫九弟左右:

五月二日接四月廿三寄信,藉悉一切。城贼于十七早,廿日、廿二夜均来扑我壕,如飞蛾之扑烛,多扑几次,受创愈甚,成功愈易。惟日夜巡守,刻不可懈。若攻围日久,而仍令其逃窜,则咎责匪轻。弟既有统领之名,自须认真查察,比他人尤为辛苦,乃足以资董率①。九江克复,闻抚州亦已收复,建昌想亦于日内可复。吉贼无路可走,收功当在秋间,较各处独为迟滞。弟不必慌忙,但当稳围稳守,虽迟至冬间克复亦可,只求不使一名漏网耳。若似瑞、临之有贼外窜,或似武昌之半夜潜窜,则虽速,亦为人诟病。如九江之斩刈殆尽②,则虽迟,亦无后患。愿弟忍耐谨慎,勉卒此功。至要至要!

〔注释〕

①董率:统率,领导。亦作"董帅"。

②斩刈(yì):斩杀。

〔译文〕

沅甫九弟左右:

五月二日接到弟弟四月二十三日所发的信,借以知道一切。

城里的敌人在十七日早上、二十和二十二日晚上，都来攻打我军壕沟，好像飞蛾扑蜡烛，多扑几次，他们受创越重，弟弟你成功越容易。只是日夜巡守，一刻也松懈不得。如果攻围时日长而仍然让敌人逃窜，那过失可不轻。弟弟既然挂了统领的名，自然要认真检查，比别人更要辛苦一些，才可有助于统领大局。九江已经收复，听说抚州也已收复，建昌想必也可以在近期收复。吉安的敌人无路可走，最后解决问题应当在秋天，比较其他各处要迟滞些。弟弟不必慌忙，只应稳围稳守，就是迟到冬天收复也可以，只求不使一名敌人漏网。如像瑞州、临江两地那样有敌外逃，或像武昌那样敌人半夜潜逃，那即使收复得快，也不免让人说闲话。像九江那样将敌人斩杀殆尽，那即使时间迟一点，也没有后患。希望弟弟忍耐谨慎，勉力把这场仗打到底，取得成功。非常重要！非常重要！

余病体渐好，尚未痊愈，夜间总不能酣睡。心中纠缠，时忆往事，愧悔憧扰[①]，不能摆脱。四月底，作《先大夫祭费记》一首，兹送贤弟一阅，不知尚可用否？此事温弟极为认真，望弟另誊一本，寄温弟阅看。此本仍便中寄回，盖家中抄手太少，别无副本也。

〔注释〕

①愧悔：惭愧懊悔。憧（chōng）扰：纷乱不安。

〔译文〕

我的病体渐好，但还未痊愈，夜间总是不能熟睡。心里纠缠不清，回忆往事，惭愧懊悔，纷乱不安，不能摆脱。四月底，作了一首《先大夫祭费记》，现送贤弟看看，不知是否还能用？温弟对这事极为认真，希望弟弟另誊一份寄给温弟看看。这本你方便时就寄回来，因家里抄手太少，再没有副本了。

弟在营所寄银回，先后均照数收到。其随处留心，数目多寡，斟酌妥善。余在外未付银至家，实因初出之时，默立此誓，又于发州县信中，以“不要钱，不怕死”六字自明，不欲自欺其志，而令老父在家受尽窘迫，百计经营，至今以为深痛。弟之取与[①]，与塔、罗、杨、彭、二李诸公相仿，有其不及，无或过也。尽可如此办理，不必多疑。顷与叔父各捐银五十两，积为星冈公；余又捐二十两于辅臣公，三十两于竟希公矣。若弟能于竟公、星公、竹公三世，各捐少许，使修立三代祠堂，即于三年内可以兴工。是弟有功于先人，可以盖阿兄之愆矣[②]。修祠或即用腰里新宅，或于利见斋另修，或另买田地，弟意如何，便中复示。公费则各立经管，祠堂则三代共之，此余之意也。

〔注释〕

①取与：即“取予”。拿取和给予。

②愆（qiān）：罪过，过失。

〔译文〕

弟弟从军营里寄回来的银钱，先后都如数收到。你要随处留心，数目多少，要考虑妥当。我在外没有寄钱回家，实在是因为刚出来做官时曾暗暗立下誓言，又在发给州县的信中，以“不要钱，不怕死”六个字表明了自己的志向，我不想欺骗自己的志向，却令老父在家受尽窘迫，想方设法维持家计，至今都令我深感痛心。弟弟的取予，与塔、罗、杨、彭、二李诸公相似，有还不及他们的，没有比他们过分的。弟弟完全可以这么做，不必多疑。前不久我与叔父各捐银五十两，积在一起为星冈公立祠堂用；我又给辅臣公捐了二十两，给竟希公捐了三十两。如果弟弟能为竟公、星公、竹公三代先人各捐少许银子，修立三代祠堂，可在三年内开始动工。那弟弟可就有功于先人，可以掩盖为兄我的罪过了。修祠堂或者就用在腰里的新宅，或者在利见斋另外修，或者另买田地，弟弟意见如何，方便时请回信告知。三代先人的公费分开管理，祠堂则三代的一起修，这是我的想法。

初二日接温弟信，系在湖北抚署所发[①]。九江一案，杨、李皆赏黄马褂，官、胡皆加太子少保。想弟处亦已闻之。温弟至黄安与迪庵相会后，或留营，或进京，尚未可知。弟素体弱，比来天热[②]，尚耐劳否[③]？至念至念！羞饵滋补[④]，较善于药。良方甚多，胜于专服水药也[⑤]。

〔注释〕

①抚署：巡抚衙门。

②比来：近来。

③耐劳：耐得住劳累。

④羞饵：美食。羞，同“馐”，美味的食品。

⑤水药：丸药。

〔译文〕

初二日接到温弟的信，是在湖北巡抚衙门所发。九江收复，杨、李都赏了黄马褂，官、胡都授予太子少保的头衔。想必弟弟那边已听说了。温弟到黄安与迪庵相会后，或者留在军营，或者进京，还不知道。弟弟身体向来虚弱，近来天气炎热，还能耐得住劳累吗？极为挂念！极为挂念！吃些珍馐滋补，比吃药强。好的方子很多，比专吃丸药强。

5.同治四年十一月十六日
致四弟、九弟·寄银亲属，年内分送

〔题解〕

曾国藩的理财之法与他的家族观念直接相关。在经济不富裕的前提下，如何支配有限的银钱？曾国藩将钱财主要用于：第一，弟弟等人的教育支出；第二，馈赠族人；第三，修建祠堂；第四，购置义田。这些支出项目，重视教育、关心族人、尊宗敬祖、救助贫者，长远来看，皆与家族兴衰紧密相关。留万贯家财，不如传良好家风。曾国藩家族长盛不衰正是得益于此。

澄、沅弟左右：

余经手事件，只有长江水师应撤者尚未撤，应改为额兵尚未改①，暨报销二者未了而已。今冬必将水师章程出奏，并在安庆设局办理报销。诸事清妥②，则余兄弟或出或处，或进或退，绰有余裕③。

〔注释〕

①额兵：清八旗绿营兵。

②清妥：清楚稳当。

③绰有余裕：形容态度从容、不慌不忙的样子。后也指能力、财力足够而有剩余。出自《孟子·公孙丑下》。

〔译文〕

澄、沅弟左右：

我经手的事件，只有长江水师应撤的还没有撤，应改为额兵的还没有改，加上报销这件事没有了结而已。今年冬天必将水师章程拟好上奏，并在安庆设立官署办理报销事宜。各项事务清理妥当，则我们兄弟或出仕或退隐，或做官或居家，都能从容以对。

近四年每年寄银少许与亲属三党①，今年仍循此例。惟徐州距家太远，勇丁不能携带②，因写信与南坡，请其在盐局兑汇，余将来在扬州归款。请两弟照单封好，用红纸签写“菲仪”等字③，年内分送。千里寄此毫毛，礼文不可不敬也。

〔注释〕

①三党：父族、母族、妻族。见《尔雅·释亲》。

②勇丁：清代地方招募的士兵。

③菲仪：菲薄的礼物，谦辞。

〔译文〕

近四年每年寄少许银子给亲属，今年仍旧依惯例办。只是徐州离家太远，士兵不能携带，因此写信给南坡，请他在盐局兑汇银子，我将来在扬州还款给他。请两位弟弟照单封好，用红纸写上“菲仪”等字样，年前把它分送出去。千里寄毫毛，礼仪上不能不表示尊敬。

6.同治五年十二月初六日
致四弟·乱世不宜多存银钱

〔题解〕

此文体现出的理财思想主要有：第一，送银子给曾经共患难的人；第二，身逢乱世，不宜多存银钱，钱越多则隐患越大；第三，与其多存财物，不如教育好子弟。如果子弟不贤明没才干，即使多积银钱、积谷、积产、积书、积衣，都是空的。家里要想兴旺，全靠出贤子弟。子弟的贤与不贤，六分出于天生，四分由于家教。曾国藩以“八好”“六恼”为家训，要求子弟们世代遵守。

澄弟左右：

余于十月廿五接入觐之旨[①]，次日写信召纪泽来营。厥后又有三次信止其勿来，不知均接到否？自十一月初六接奉回江督任之旨，十七日已具疏恭辞；廿八日又奉旨令回本任，初三日又具疏恳辞。如再不获命[②]，尚当再四疏辞。但受恩深重，不敢遽求回籍[③]，留营调理而已。余从此不复作官。

〔注释〕

①入觐（jìn）：原指诸侯于秋季入朝进见天子。后指地方官员入朝进见帝王。

②获命：获得应允。

③遽（jù）：立刻；马上。

〔译文〕

澄弟左右：

我在十月二十五日接到入朝进见皇上的圣旨，第二天写信召纪泽来军营。而后又有三次信，阻止他不要来，不知都收到没有？自十一月初六接到让我回两江督任的圣旨，十七日已具疏恭请辞职；二十八日又接到圣旨，让我回任两江总督的本来职务，初三日我又具疏恳辞。如果再次不获皇上批准，还要再四具疏恳辞。但受恩深重，不敢马上请求回籍，留在军营调理身心而已。我从此不再做官。

同乡京官,今冬炭敬犹须照常馈送①。昨令李翥汉回湘,送罗家二百金、李家二百金、刘家百金,昔年曾共患难者也。前致弟处千金,为数极少。自有两江总督以来,无待胞弟如此之薄者。然处兹乱世,钱愈多则患愈大,兄家与弟家,总不宜多存现银现钱。每年足敷一年之用,便是天下之大富,人间之大福。家中要得兴旺,全靠出贤子弟。若子弟不贤不才②,虽多积银、积钱、积谷、积产、积衣、积书,总是枉然!

〔注释〕

①炭敬:旧时外官在冬季馈赠京官的银钱。多作贿赂用。

②不贤:不贤明,无才能。不才:没有才能。

〔译文〕

同乡京官,今年冬天的炭敬还要照常赠送。昨天令李翥汉回湖南,送罗家二百两银子、李家二百两银子、刘家一百两银子,他们是过去曾经与我共过患难的。前不久寄弟弟处的一千两银子,数目很少。自有两江总督以来,还没有这样薄待胞弟的。然而处在乱世,钱越多则隐患越大,为兄家和弟弟家,总不宜多存银两现钱。一年足够一年的用度,便是天下的大富,人间的大福了。家里要想兴旺,全靠出贤子弟。如果子弟不贤明没才干,即使多积银、积钱、积谷、积产、积衣、积书,都是空的!

子弟之贤否,六分本于天生,四分由于家教。吾家代代皆有世德明训[①]，惟星冈公之教尤应谨守牢记。吾近将星冈公之家规编成八句，云："书、蔬、鱼、猪，考、早、扫、宝，常说常行，八者都好。地命医理，僧巫祈祷，留客久住，六者俱恼。"盖星冈公于地、命、医、僧、巫五项人进门便恼，即亲友远客久住亦恼。此"八好""六恼"者，我家世世守之，永为家训。子孙虽愚，亦必略有范围也[②]。

〔注释〕

①世德：累世的功德，先世的德行。明训：明确的训诫。

②范围：规矩，界限。

〔译文〕

子弟的贤与不贤，六分出于天生，四分由于家教。我们家世代都有世德明训，唯独星冈公的教训尤其应该谨守牢记。我近来把星冈公的家规编成八句话："书、蔬、鱼、猪，考、早、扫、宝，常说常行，八者都好。地命医理，僧巫祈祷，留客久住，六者俱恼。"因星冈公看见风水先生、算命的、郎中、和尚、巫师这五种人进门就恼火，即使是亲友、远客，住久了他也恼火。这"八好""六恼"，我们家要世代遵守，永远当作家训。子孙即使愚笨，也务必要使他们就范。

（五）养生

1.咸丰十年三月二十四日 致四弟、九弟·起早尤千金妙方

〔题解〕

曾国藩一生历经惊涛骇浪且身弱多病，患有牛皮癣、耳鸣、失眠、眼疾等多种慢性病。1872 年（同治十一年），这位传奇人物走完了人生最后的里程，享年 62 岁。这个寿数，在今天看来并不算高寿，但在百年前的清朝，已经超过了当时人的平均寿命。曾国藩颇重养生之道，此文中他不但建议身体弱的后辈子弟学射箭以保养身体，而且提出早起是健身的千金妙方、长寿金丹。

澄侯、沅甫两弟左右：

接家信，知叔父大人已于三月二日安厝马公塘[①]。两弟于家中两代老人养病送死之事，备极敬诚，将来必食报于子孙[②]。闻马公塘山势平衍[③]，可决其无水蚁凶

灾,尤以为慰。澄弟服补剂而大愈,甚幸甚幸!

〔注释〕

①安厝(cuò):安葬,埋葬。

②食报:受报答或受报应。

③平衍:平坦广宽。

〔译文〕

澄侯、沅甫两弟左右:

接到家信,知道叔父大人已在三月二日安葬在马公塘。两位弟弟对于家中两代老人养老送终的事,办理得极尽敬诚,将来你们的后代一定会得到回报。听说马公塘山势平坦广宽,可以排除水淹蚁蛀的灾祸,尤其感到欣慰。澄弟吃补药而病大好,非常幸运!非常幸运!

吾平生颇讲求"惜福"二字之义,近来亦补药不断,且菜蔬亦较奢。自愧享用太过,然亦体气太弱①,不得不尔②。胡润帅、李希庵常服辽参,则其享受更有过于余者。家中后辈子弟体弱,学射最足保养,起早尤千金妙方,长寿金丹也。

〔注释〕

①体气:体质。

②不尔:不如此,不这样。

〔译文〕

我平生很讲求“惜福”二字的意义，近来也是补药不断，而且菜肴也比较奢侈。自己惭愧享用太过分，然而体质太弱，不得不这样。胡润帅、李希庵经常服用辽参，他们的享受比我有过之而无不及。家中后辈子弟身体弱的，学射箭最能保养身体，早起尤其是健身的千金妙方、长寿的金丹啊！

2. 咸丰十年闰三月初四日 致四弟、九弟·起早洗脚，大有裨益

〔题解〕

曾国藩在此信中，一方面劝弟弟戒酒，爱惜身体；一方面将自己总结的养生之法推荐给弟弟：即起早和勤洗脚。他认为这两件事对身体大有益处，希望澄弟在戒酒之外，也要注重。从某种意义上说，养生之道不过是养成良好的生活习惯而已，戒酒、早起、勤洗脚，简单易行，今亦值得我们效法。

澄侯、沅甫两弟左右：

澄弟移寓新居，光彩焕发，有旺相气①，至慰至慰！沅弟祭叔父文斐亹可诵②，四字句本不易作，沅弟深于情者，故句法虽弱而韵尚长也。余办木器送澄弟，即请澄自为妥办。女家之钱已交盛四带归。即仿七年之例，

由县城办就，至家中再漆可也。

〔注释〕

①旺相：命理术语。星命家以五行配四季，每季中五行之盛衰以旺、相、休、囚、死表示，如春季是木旺、火相、水休、金囚、土死。凡人之八字中的日干逢旺相的月支为得时，逢囚、死的月支为失时，如日干为木，逢春为旺，逢冬为相，皆属得时。犹言吉庆。

②斐亹（fěiwěi）：亦作“斐亹”。文彩绚丽貌。

〔译文〕

澄侯、沅甫两弟左右：

澄弟搬新居，光彩焕发，有交好运的气象，太好了！太好了！沅弟祭奠叔父的文章文彩绚丽，堪可传诵。四字句本不易作，沅弟是用情很深的人，所以句法虽弱而胜在情韵悠长。我置办了一些木器送给澄弟，就请澄弟自己妥善办理。女方家的钱已经交给盛四带回。就仿照咸丰七年的先例，在县城里办好，到家后再刷漆就可以了。

此间自浙江克复，人心大定。太湖各营于二十四、五日拔营，宿松四营于廿六日拔营，均至石牌取齐，初五日将进围安庆。朱惟堂一营初二日至江边，距宿松仅七十里矣。营中一切平安，余身体亦好。惟饷项蹔亏①，若四川不速平，日亏一日，必穷窘耳②。

〔注释〕

①蹔（zàn）：同“暂”。

②穷窘(jiǒng):穷困窘迫。

〔译文〕

这期间自浙江收复,人心大定。太湖各营在二十四、五日拔营,宿松四营在二十六日拔营,都到石牌集合,初五这天将进而围攻安庆。朱惟堂率领的营队初二日到达长江边,距宿松只有七十里。营中一切平安,我身体也很好。只是军饷暂时亏欠,如果四川不迅速平定,军饷一天比一天亏损,一定会穷困窘迫的。

澄弟之病日好,大慰大慰!此后总以戒酒为第一义。起早亦养身之法,且系保家之道。从来起早之人,无不寿高者。吾近有二事效法祖父,一曰起早,二曰勤洗脚,似于身体大有裨益①。望澄弟于戒酒之外,添此二事,至嘱至嘱!

〔注释〕

①裨(bì)益:益处,补益。

〔译文〕

澄弟的病一天比一天好,非常欣慰!非常欣慰!今后总要以戒酒为第一要紧的事。早起也是养身的方法,而且是保持家道的方法。从来起早的人,没有不高寿的。我近来有两件事效法祖父,一是起早,二是勤洗脚,似乎对于身体大有益处。希望澄弟在戒酒之外,添加这两件事,切记!切记!

3.咸丰十年十二月二十四日
致四弟·保养之法,不在多服药

〔题解〕

在此信中,曾国藩劝弟用药须小心谨慎。他劝弟弟稍微停用药物,而用饮食来调养。保养的方法,是谨慎饮食、节制贪欲,绝不在多吃药。他特以祖父星冈公的"三不信"规劝弟弟:即不迷信医药、不迷信僧巫、不迷信地仙。他认为这是弟弟应该遵守的训示,应当继承的家风。

澄侯四弟左右:

十六日接到弟十一月廿三日手书,并纪泽廿五禀手书,具悉弟病日就痊愈。至慰至幸!惟弟服药过多,又坚嘱泽儿请医守治,余颇不以为然[①]。吾祖星冈公在时,不信医药,不信僧巫,不信地仙[②],此三者,弟必能一一记忆。今我辈兄弟亦宜略法此意,以绍家风[③]。今年白玉堂做道场一次,大夫第做道场二次[④],此外祷祀之事[⑤],闻亦常有,是不信僧巫一节,已失家风矣。买地至数千金之多,是不信地仙一节,又与家风相背。至医药,则合家大小老幼,几于无人不药,无药不贵。迨至补药吃出毛病,则又服凉药以攻伐之;阳药吃出毛病,则又服阴药以清润之。展转差误，不至大病大弱不止。弟今年春间多服补剂，夏末多服凉剂，冬间又多服清润之剂。余意欲劝弟少停药物，专用饮食调养。泽儿虽体弱，而保养之法，亦惟在慎饮食、节嗜欲⑥，断不在多服药也。

〔注释〕

①不以为然：不认为是对的。表示不同意。含有轻视意味。然，对，正确。

②地仙：方士称住在人间的仙人。

③绍：连续，继承。

④道场：道士或和尚做法事的场所，也指所做的法事。

⑤祷祀：有事祈求鬼神而设祭。

⑥嗜欲：耳、目、口、鼻等感官所产生的贪欲。

〔译文〕

澄侯四弟左右：

十六日接到弟弟十一月二十三日来信以及纪泽二十五的亲笔信，得悉弟弟的病快好了。非常欣慰！太幸运了！只是弟弟吃药过多，又坚持嘱咐泽儿来请医生守着调治，我很不以为然。我们的祖父星冈公在世时，不迷信医药，不迷信僧巫，不迷信地仙，这三不信，弟弟一定会记得。现在我们弟兄也应该遵守这个训示，以承继家风。家里今年在白玉堂做了一次道场，在大夫第做了两次道场，祈祷祭祀的事，听说也经常有，这在不迷信僧巫方面，已经失去了家风。买地用了几千两银子，这在不迷信地仙方面，也与家风相违背。至于医药，则全家大小老幼，几乎没有人不吃药，没有一样药不贵。等到吃补药吃出毛病，就用凉药去攻伐；阳药吃出毛病，就用阴药去清润。这样反复辗转折腾而致各种差错，不到大病大弱不停。弟弟今年春季吃了很多补药，夏末吃了很多凉药，冬天又服用很多清润的药。我想劝弟弟稍微停用药物，专门用饮食来调养。泽儿虽说体质弱，但保养的方法，也只是谨慎饮食、节制贪欲，绝不在多吃药。

洪家地契①，洪秋浦未到场押字②，将来恐仍有口舌③。地仙、僧巫二者，弟向来不甚深信，近日亦不免为习俗所移④。以后尚祈卓识坚定，略存祖父家风为要。天下信地、信僧之人，曾见有一家不败者乎？北果公屋，余无银可捐。己亥冬，余登山踏勘⑤，觉其渺茫也。

〔注释〕

①地契（qì）：买卖土地的双方所立的契约。

②押字：犹今言签字。

③口舌：言语上的争吵、争执。

④习俗：某地区内的人们长期养成的习惯、风俗。

⑤踏勘（kān）：亲自到现场查看。

〔译文〕

洪家地契，洪秋浦没有到场签字，将来恐怕还会有口舌之争。地仙、僧巫这两样，弟弟向来不大相信，近来也免不了为乡俗所改变。以后还请坚持自己的真知灼见，略为保存祖父家风要紧。天下相信地仙、相信僧人的人，你看见有哪一家不败落的吗？北果的公屋，我没有银子可捐。己亥年冬天，我登山亲自勘察，觉得太渺茫了。

4.同治元年闰八月初四日 致四弟·体不甚旺，总宜静养

〔题解〕

此篇劝弟须静养身体。弟弟身体不好，总要好好静养。曾国藩嘱咐弟弟不要买田产，也不要管公事，要牢记"盛时常作衰时想，上场当念下场时"这两句话。

澄弟左右：

沅、霆两军病疫，迄未稍愈。宁国各属军民死亡相继，道殣相望①，河中积尸生虫，往往缘船而上。河水及井水皆可不食。其有力者，用舟载水于数百里之外。臭秽之气中人②，十病八九，诚宇宙之大劫，军行之奇苦也③。

〔注释〕

①道殣相望：饿死的人很多，在路上随处可见。

②臭秽(huì)：不净，肮脏。

③军行：行军。军队的前进、行动。

〔译文〕

澄弟左右：

沅弟、春霆两支军队里出现瘟疫，到现在仍然蔓延。宁国所

属地区的军民相继死亡,路上到处是饿死的人,河里积尸生虫,往往沿着船往上爬。河水和井水都不能喝。有能力的人,用船从几百里以外运水吃。臭气熏天,生活在其中的人,十个有九个生病。这真是天地间的大劫难,行军异常艰苦。

洪容海投诚后,其党黄、朱等目复叛,广德州既得复失。金柱关常有贼窥伺①,近闻增至三四万人,深可危虑②。余心所悬念者,惟此二处。

〔注释〕

①窥伺:暗中观望,等待时机(含贬义)。

②危虑:犹苦思。

〔译文〕

洪容海投降后,他的党羽黄、朱等头目又叛变而去,广德州已经得到又失去了。金柱关经常有敌窥伺,近几日听说已增到了三四万人,很让人忧虑。我所担心的,就是这两个地方。

余体气平安,惟不能多说话,稍多则气竭神乏。公事积阁,恐不免于贻误①。弟体亦不甚旺,总宜好好静养。莫买田园,莫管公事。吾所嘱者,二语而已。“盛时常作衰时想,上场当念下场时。”富贵人家,不可不牢记此二语也。

〔注释〕

①贻(yí)误:耽误。

〔译文〕

我身体平安,只是不能多说话,稍微说多几句就精神不振。公事积压,恐怕会耽误工作。弟弟身体也不好,总要好好静养。不要买田产,不要管公事。我嘱咐你的,就这两句话罢了。“昌盛时要经常想到衰落时,在位的时候要经常想到不在位的时候。”富贵人家,不可不牢记住这两句话。

5.同治三年五月初十日 致九弟·心肝之病,自养自医

〔题解〕

此信主要的养生观点是:第一,心肝之病,宜以自养自医为主。第二,平和心态,不过于焦躁忧虑,认真调养,可以慢慢恢复元气。

沅弟左右:

厚庵到皖,坚辞督办一席。渠之赴江西与否,余不能代为主持。至于具折[①],则必须渠亲自陈奏,余断不能代辞。厚帅现拟在此办折,拜疏后仍回金陵水营[②]。

春霆、昌岐闻亦日内可到[3]。春霆回籍之事，却不能不代为奏恳也。

〔注释〕

①具折：备拟奏折。

②拜疏：上奏章。

③日内：近日，这几天。

〔译文〕

沅弟左右：

厚庵到安徽，坚决要辞督办一职。他去不去江西，我不能代他做主。至于上呈奏折，也必须他亲自陈奏，我决不能代他上奏辞职。厚帅现在准备在这里写奏折，上疏后仍旧回金陵水营。春霆、昌岐听说这几天也可以到了。春霆回原籍的事，却不能不代他上奏恳请。

弟病近日少愈否？肝病余所深知，腹疼则不知何症。屡观《朗山脉案》，以扶脾为主，不求速效，余深以为然。然心、肝两家之病，究以自养自医为主，非药物所能为力。今日偶过裱画店，见弟所写对联，光彩焕发，精力似甚完足。若能认真调养，不过焦灼[1]，必可渐渐复元[2]。

〔注释〕

①焦灼：非常着急，焦躁忧虑。

②复元：恢复元气。

〔译文〕

弟弟的病近日好些了吗？肝病我很了解，腹痛则不知道是什么病。我多次看《朗山脉案》，以扶脾为主，不求快速见效，我很赞同此说。然而心和肝的病，终究以自养自医为主，并非药物所能起到作用的。今天偶然从裱画店经过，看见弟弟所写对联，光彩焕发，精力好像很充沛。如果能认真调养，不过于焦躁忧虑，一定可以慢慢恢复元气。

6.同治三年五月二十三日
致九弟·凡郁怒最易伤人

〔题解〕

曾国藩在此提出的养生之道是“凡郁怒最易伤人”。俗语常说“气大伤身”就是这个道理，抑郁发怒最容易伤身体。气大伤身，主在肝脾。经常生气发火会损害肝脏和脾脏，而肝脾一旦出现疾病，身体就会出现各种免疫力低下的并发症。

沅弟左右：

内疾外症，果愈几分？凡郁怒最易伤人。余有错处，弟尽可一一直说。人之忌我者，惟愿弟做错事，惟愿弟之不恭[①]。人之忌弟者，惟愿兄做错事，惟愿兄之不友[2]。弟看破此等物情[3]，则知世路之艰险，而心愈抑畏[4]，气反愈平和矣。

〔注释〕

①不恭：态度傲慢、不恭敬。

②不友：兄弟不相敬爱。

③看破：看透，识破。物情：事物的情状、道理。此处指人情事理。

④抑畏：谦抑敬畏。

〔译文〕

沅弟左右：

弟弟的内外病症，果真好些了吗？凡是抑郁发怒最容易伤身体。我有过错，弟弟尽可一一直说。忌嫉我的人，只愿我弟弟做错事，只愿我弟弟不恭敬。忌嫉弟弟的人，只想为兄的做错事，只想我们兄弟不相敬爱。弟弟看破了这些人情事理，便会知道世道的艰险，那么心里越谦抑敬畏，气反而越平和。

7.同治五年六月初五日
致四弟·养生之法，约有五事

〔题解〕

曾国藩在此总结了“养生五事”：一是睡眠饮食有规律，二是制怒，三是节欲，四是每夜临睡前洗脚，五是两餐饭后各走三千步。其中睡眠饮食有规律和每夜临睡前洗脚两件事，祖父星冈公坚持了四十年,曾国藩自己也坚持了七年。曾国藩希望弟弟们和子侄们都能坚持这五件事。

澄弟左右:

乡间谷价日贱,禾豆畅茂[①],尤是升平景象,极慰极慰!贼自三月下退出曹、郓之境,幸保山东运河以东各属,而仍蹂躏于曹、宋、徐、泗、凤、淮诸府[②]。彼剿此窜,倏往忽来。直至五月下旬,张、牛各股始窜至周家口以西,任、赖各股始窜至太和以西。大约夏秋数月,山东、江苏可以高枕无忧,河南、皖、鄂又必手忙脚乱。

〔注释〕

①畅茂:旺盛繁茂。

②蹂躏(róulìn):践踏,比喻用暴力欺压、侵凌。

〔译文〕

澄弟左右:

乡下的谷价越来越低,禾苗豆苗茂盛,真是一派升平气象,十分欣慰!十分欣慰!敌人自三月下旬退出曹、郓境内,幸而保住了山东运河以东所属州县,但还是蹂躏了曹、宋、徐、泗、凤、淮等州府。你在这里剿匪,他就流窜到那里,忽来忽往。直到五月下旬,张、牛各股才窜到周家口以西,任、赖各股开始窜到太和以西。大约夏秋的几个月,山东、江苏可以高枕无忧,河南、安徽、湖北一定又手忙脚乱了。

余拟于数日内至宿迁、桃源一带察看堤墙，即由水路上临淮而至周家口。盛暑而坐小船，是一极苦之事。因陆路多被水淹，雇车又甚不易，不得不改由水程。余老境日逼，勉强支持一年半载，实不能久当大任矣。因思吾兄弟体气皆不甚健，后辈子侄尤多虚弱，宜于平日讲求养生之法①，不可于临时乱投药剂。

〔注释〕

①讲求：追求，重视。

〔译文〕

我准备在几天内到宿迁、桃源一带视察堤墙，从水路去临淮而到周家口。盛暑时节乘坐小船是件很苦的差事。因为陆路多被水淹，雇车又很不容易，不得不改走水路。我年纪越来越大，勉强支持一年半载，实在不能再久担大任了。由此想到我们兄弟身体都不太健壮，后辈子侄中身体虚弱的人尤其多，应在平时重视养生的方法，不可临时乱吃药。

养生之法约有五事：一曰眠食有恒，二曰惩忿，三曰节欲，四曰每夜临睡洗脚，五曰每日两饭后各行三千步。惩忿，即余篇中所谓"养生以少恼怒为本"也。眠食有恒及洗脚二事，星冈公行之四十年，余亦学行七年矣。饭后三千步近日试行，自矢永不间断①。弟从前劳苦太久，年近五十，愿将此五事立志行之，并劝沅弟与诸子侄行之。

〔注释〕

①自矢:犹自誓,立志不移。

〔译文〕

养生的方法,大约有五个方面:一是睡眠饮食有规律,二是制怒,三是节欲,四是每夜临睡前洗脚,五是两餐饭后各走三千步。制怒,就是我文章中所写的"养生以少恼怒为本"。睡眠饮食有规律和每夜临睡前洗脚两件事,星冈公坚持了四十年,我也学着坚持了七年。饭后三千步,我近日也在试行,发誓从此永不间断。弟弟从前长期劳苦,现在年近五十,希望弟弟你下决心坚持这五件事,并劝沅弟和子侄们实行。

余与沅弟同时封爵开府,门庭可谓极盛,然非可常恃之道。记得己亥正月,星冈公训竹亭公曰:"宽一虽点翰林,我家仍靠作田为业,不可靠他吃饭。"此语最有道理,今亦当守此二语为命脉。望吾弟专在作田上用些工夫,而辅之以"书、蔬、鱼、猪,早、扫、考、宝"八字。任凭家中如何贵盛,切莫全改道光初年之规模。凡家道所以可久者,不恃一时之官爵,而恃长远之家规;不恃一二人之骤发[①],而恃大众之维持。我若有福罢官回家,当与弟竭力维持。老亲旧眷,贫贱族党,不可怠慢。待贫者亦与富者一般,当盛时预作衰时之想,自有深固之基矣。

〔注释〕

①骤发:突然发迹。

〔译文〕

我与沅弟同时封爵开府当督抚,门庭可说极盛一时,但这不是可以长久倚仗的。记得己亥正月,祖父星冈公教训父亲竹亭公说:“宽一虽点了翰林,我们家仍然要靠作田为业,不能靠他吃饭。”这话最有道理,我们今天也应当以这两句为治家命脉。希望弟弟能专心在作田上用些工夫,辅以“书、蔬、鱼、猪,早、扫、考、宝”八个字。不管家里如何富贵兴盛,切不要完全改变道光初年的规模。凡家道可以长久的,绝不是倚仗一时的官爵显赫,而是依靠长远流传的家规;绝不是倚仗一两个人的骤然发迹,而是依靠大众的维持。我如果有福能罢官回家的话,当和弟弟同心竭力维持家道。家里的老亲戚、贫困的族人,千万不可以怠慢。对待贫困的人要与对待富有的人一样,在兴盛时要想到衰落时,自然便有深厚坚实的基础了。

三、经世之术

（一）识才

1.咸丰五年四月二十日书于南康城外水营致诸弟·营中需才孔亟

〔**题解**〕

此信叙述营中急需人才；自从水师小败以后，亟须多置办小划船来战胜敌人，但缺乏能管理好小划船的人；军营中迫切需要人才，弟弟如果看见有这种人才，或者赵玉班能推荐这样的人，就可以招募会驾小划船的水手一百多人来军营；招募水勇不难，而难在选求哨官、营官。

澄、温、沅、季四位贤弟左右：

十六日在南康府接父亲手谕及澄、沅两弟、纪泽儿之信，系刘一送来。二十日接澄弟一信，系林福秀由县送来，具悉一切。

〔**译文**〕

澄、温、沅、季四位贤弟左右：

我于十六日在南康府接到父亲大人亲笔信和澄弟、沅弟、纪泽儿的信，是刘一送来的。二十日接到澄弟一封信，是林福秀由县里送来的，一切情况都已经知道了。

余于十三日自吴城进扎南康，水师右营、后营、向导营于十三日进扎青山。十九日，贼带炮船五六十号、小划船五六十号，前来扑营，鏖战二时，未分胜负。该匪以小划二十余号，又自山后攒出，袭我老营。老营战船业已全数出队，仅坐船水手数人及所雇民船水手，皆逃上岸。各战船哨官见坐船已失，遂尔慌乱，以致败挫。幸战舟炮位毫无损伤，犹为不幸中之大幸。且左营、定湘营尚在南康，中营在吴城，是日未与其事，士气依然振作。现在六营三千人同泊南康，与陆勇平江营三千人相依护，或可速振军威。

〔译文〕

我十三日从吴城进扎南康，水师右营、后营、向导营在十三日进扎青山。十九日，敌人带炮船五六十条和小划船五六十条前来攻营，激战了两个时辰，不分胜负。敌人又以小划船二十多条从山后攒了出来，袭击我方老营。老营的战船已经全部出动，只有坐船上的几名水手和雇用民船的水手，都逃上岸去。各战船的哨官见坐船已失守，于是忙乱起来，导致战斗失败。幸亏战船和火炮没什么损伤，尤其是不幸中的大幸。况且左营、定湘营还在南康，中营还在吴城，当天没有参与战斗，士气还很振作。

现在六个营三千人都停靠在南康,与陆军平江营三千人守望相助,或者还可迅速振作军威。

现在余所统之陆军:塔公带五千人在九江,罗山带三千五百人在广信一带,次青带平江三千人在南康,业已成为三枝,人数亦极不少。赵玉班带五百湘勇来此,若独成一枝,则不足以自立;若依附塔军、依附罗军,则去我仍隔数百里之远;若依附平江营,则气类不合①。且近日口粮实难接济,玉班之勇可不必来。玉班一人独来,则营中需才孔亟②,必有以位置之也。

〔注释〕

①气类:气质类型。

②孔亟(jí):很紧急,很急迫。

〔译文〕

现在我所统率的陆军:塔公带五千人在九江,罗山带三千五百人在广信一带,次青带平江营三千人在南康,已经成了三支部队,人数也不少。赵玉班带五百湘勇来这里,如果单独成一支部队,则不能够自立;如果依附塔军或罗军,那离我这里还有几百里;如果依附平江营,两者气质不合。而且近来口粮实在难以接济,玉班的士兵可不必来。如果玉班一个人独自前来,那么军营中现在迫切需要人才,一定会有他的位置。

蒋益澧之事，唐公如此办理甚好。密传其人家，详明开导，勒令缴出银两，足以允服人心，面面俱圆，请藏翁即行速办。但使探骊得珠[1]，即轻轻着笔，亦可以办到矣。

〔注释〕

①探骊得珠：典出《庄子·列御寇》。在骊龙的颔下取得宝珠。原指冒大险得大利。后常比喻文章含义深刻，措辞扼要，抓住要领。骊，古指黑龙。

〔译文〕

蒋益澧的事，唐公这样办理很好。秘密传召他的家人，详细开导他们，勒令他们上缴银两，足以服众，面面俱到，请藏翁马上办理。只要抓住问题的关键，即使轻轻着笔，也可以办到。

此间自水师小挫后，亟须多办小划以胜之，但乏能管带小划之人。若有实能带小划者，打仗时并不靠他冲阵，只要开仗之时，在江边攒出攒入，眩贼之眼，助我之势，即属大有裨益[1]。吾弟若见有此等人，或赵玉班能荐此等人，即可招募善驾小划之水手一百余人来营。

〔注释〕

①裨益：益处，补益。

〔译文〕

这里自从水师小败以后，亟须多置办小划船来战胜敌人，但缺乏能管理好小划船的人。如果有实实在在可以带领小划船的人，打仗时并不靠他冲锋陷阵，只要打仗时，在江边攒出攒入，迷惑敌人的视线，以助长我军声势，便是大有益处。弟弟如果看见有这种人才，或者赵玉班能推荐这样的人，就可以招募会驾小划船的水手一百多人来军营。

冯玉珂所缴水勇之抢银及各银应缴银者，可酌用为途费也。余在营平安，惟癣疾未愈，精神不足，诸事未能一一照管。小心谨慎，冀尽人事以听天命①。

诸不详尽，统俟续布。

〔注释〕

①尽人事：尽人力所能为之事，尽自己的力量去做。听天命：听从上天及命运的安排，任其自然发展。

〔译文〕

冯玉珂所缴水军抢走的银两以及各项应该缴纳的银子，可以视情况用作路费。我在军营平安，只是癣疾没有痊愈，精神不足，许多事情不能一一照管。小心谨慎，希望能够尽人事以听天命。

其他不再详细写了，等以后再续告。

顷与魏荫亭谈及招小划水勇一事,渠可回家与萧可卿商办。大约每划五人,五划立一哨官,每百人四哨官,十余哨即立一营官。此不难于招勇,而难于选求哨官、营官。澄弟若见有可当哨官者,或令其来营,或荐与荫亭。勇则不必招,听萧、魏办理可也。

〔译文〕

刚才与魏荫亭谈到招募小划船水勇的事情,他可以回家和萧可卿商办。大约每个小划船需要五人,五个小划船立一位哨官,每一百人就有四位哨官,十多位哨官就立一位营官。招募水勇不难,而难在选求哨官、营官。澄弟如果看见有可以当哨官的人,或让他来军营,或举荐给荫亭。水勇就不必招了,让萧、魏去办理就行了。

2.咸丰八年四月初九日
致九弟·求人自辅,时时不可忘

〔题解〕

在此文中曾国藩嘱咐弟弟要重视人才:第一,要时时记得寻求人才辅佐自己这件重要的事。应当常常把访求人才作为当务之急。第二,凡是庸碌多余的人,就算是至亲密友,也不宜久留身边。如果把这些庸碌之辈留在身边,贤者就不会前来辅佐了。因为贤者不愿与庸碌之辈共事。

沅甫九弟左右：

四月初五日，得一等归，接弟信，得悉一切。兄回忆往事，时形悔艾[①]，想六弟必备述之。弟所劝譬之语[②]，深中机要[③]，“素位而行”一章[④]，比亦常以自警。只以阴分素亏，血不养肝，即一无所思，已觉心慌肠空，如极饿思食之状。再加以憧扰之思[⑤]，益觉心无主宰，怔悸不安。

〔注释〕

①悔艾：悔改自新。

②劝譬：劝说使之明白。

③机要：精义要旨。

④素位：现在所处之地位。语出《礼记·中庸》。

⑤憧扰：纷乱不安。

〔译文〕

沅甫九弟左右：

四月初五日，得一等人回来，接到弟弟的信，知道了一切情况。为兄回忆过去，时常悔过自新，想必六弟已经都跟你详细说了。弟弟劝解我的话，深深切中要旨，“素位而行”一章，我也常常用来自警。只是阴分素亏，血不养肝，即使一点儿事不想，就已经觉得心慌肠空，像非常饥饿想要吃饭一样。再加上许多纷乱不安的想法，更觉得心里没有了主宰，怔悸不安。

今年有得意之事两端：一则弟在吉安声名极好，两省大府及各营员弁[①]、江省绅民交口称颂[②]，不绝于吾之耳；各处寄弟书及弟与各处禀牍信缄[③]，俱详实妥善，犁然有当[④]，不绝于吾之目。一则家中所请邓、葛二师品学俱优，勤严并著。邓师终日端坐，有威可畏，文有根柢，又曲合时趋，讲书极明正义，而又易于听受。葛师志趣方正，学规谨严，小儿等畏之如神明。此二者，皆余所深慰。虽愁闷之际，足以自宽解者也。第声闻之美[⑤]，可恃而不可恃。兄昔在京中，颇著清望[⑥]，近在军营，亦获虚誉。善始者不必善终，行百里半九十里。誉望一损，远近滋疑。弟目下名望正隆，务宜力持不懈，有始有卒。

〔注释〕

①大府：明清时指督抚。员弁（biàn）：低级文武官员。

②绅民：绅士与民众。

③禀牍：呈给上级的文书。

④犁然有当：井然有序的意思。犁然，明确的样子。有当（dāng），犹言有定数。

⑤第：但。声闻：名誉，声望。

⑥清望：清高的声望。

〔译文〕

今年得意的事有两件：一是弟弟在吉安名声极好，两个省的官长和各营文武官员、江西省的绅士和老百姓都交口称赞，不绝于我的耳朵;各处寄给弟弟的信和弟弟寄给各处的书札信牍,都详实妥善,井然有序,不绝于我的眼目。一是家里所请的邓、葛两位老师,品学兼优,又勤教又严管。邓老师整天端坐,威仪可畏,写文章有根底,又能与时事相合,讲课能明典籍正义,而又容易为学生接受。葛老师的志趣方正,规矩严谨,小孩们怕他如同怕神明一样。这两件事,都是我深感欣慰的。即使是愁闷不乐的时候,也足以让我宽解了。但美好的声望,可以依靠又不可以依靠。为兄过去在京城,也很有声望,近来在军队,也有些虚名。但开始好不一定始终好,走一百里路,走了九十里只能算走了一半。声望一旦有损,远近的人都会产生怀疑。弟弟你目前名望正高,务必要坚持不懈,有始有终。

治军之道,总以能战为第一义。倘围攻半岁,一旦被贼冲突,不克抵御,或致小挫,则令望隳于一朝①。故探骊之法,以善战为得珠;能爱民为第二义;能和协上下官绅为三义。愿吾弟兢兢业业,日慎一日,到底不懈,则不特为兄补救前非,亦可为吾父增光于泉壤矣②。精神愈用而愈出,不可因身体素弱,过于保惜③;智慧愈苦而愈明,不可因境遇偶拂④,遽尔摧沮⑤。此次军务,如杨、彭、二李、次青辈,皆系磨炼出来。即润翁、罗翁,亦大有长进,几于一日千里。独余素有微抱⑥,此次殊乏长进。弟当趁此增番识见⑦,力求长进也。

〔注释〕

①令望:美好的声望。隳(huī):毁坏,崩毁。

②泉壤:犹泉下,地下。指墓穴。

③保惜:保护爱惜。

④拂:违背,不顺。

⑤遽(jù)尔:突然,忽然。摧沮:犹沮丧。

⑥微抱:微不足道的抱负。谦辞。

⑦识见:见解,见识。

〔译文〕

治理军队的道理,能打仗是第一要义。如果围攻半年,一旦被敌人冲突阵地,不能很好地抵御,或者受到小挫折,那么美好的名声就毁于一旦了。所以说带兵的关键,是以会战斗为第一要义;能爱民为第二要义;能和地方官员士绅上上下下处理好关系为第三要义。希望弟弟兢兢业业,一天比一天谨慎,坚持到底,决不松懈,那就不仅能替为兄补救从前的过失,还可以为我们的父亲增光于九泉之下。精神越用越强,不可以因为向来身体虚弱而过于爱惜;智慧越苦越闪光,不可因为偶然遇到挫折而突然沮丧。这次军务,如杨、彭、二李、次青等人,都是磨炼出来的。即使润翁、罗翁,也大有进步,几乎是一日千里。只有我虽向来有抱负,这次却没有什么进步。弟弟应该趁此机会增长一番见识,力求进步。

求人自辅,时时不可忘此意。人才至难。往时在余幕府者,余亦平等相看,不甚钦敬,洎今思之①,何可多得!弟当常以求才为急,其阘冗者②,虽至亲密友,不宜久留,恐贤者不愿共事一方也。余自四月来,眠兴较好。

近读杜佑《通典》,每日二卷,薄者三卷。惟目力极劣,余尚足支持。

〔注释〕

①洎(jì)今:至今。

②阘冗(tàrǒng):庸碌低劣。

〔译文〕

寻求人才辅佐自己,时刻不可以忘记这一点。人才实在难得。过去在我幕府中的人,我只是平等相待,不很钦佩,如今想起来,这些人才不可多得啊!弟弟应当常常把访求人才作为当务之急,凡是庸碌多余的人,就算是至亲密友,也不宜久留,恐怕贤者由此不肯前来与这些人共事。我从四月以来,睡眠较好。近日读杜佑的《通典》,每天读两卷,薄的读三卷。只是眼力很差,其他的还足以支持。

再,迪庵嘱六弟不必进京,厚意可感①。弟于迪、厚、润、雪、次青五处,宜常通问。恽廉访处,弟亦可寄信数次,为释前怨。《欧阳文忠集》,吉安若能觅得,望先寄回。

〔注释〕

①厚意:深厚的情意。可感:令人感动。

〔译文〕

再者,迪庵嘱咐六弟不必进京,深厚的情意令人感动。迪、厚、润、雪、次青五处，弟弟应该常通音信。恽廉访那里，弟弟也可以写几次信，为的是消释前怨。吉安如果能找到《欧阳文忠集》，希望弟弟先寄回来。

3.咸丰十年六月初十日 致九弟、季弟·发横而盘，虑其不驯

〔题解〕

“识才”的前提是要会“看人”。曾国藩一生建功立业与他善于识人有着密切的关系。曾国藩认为“用人必先知人”，即用人须以知人至深为前提，要具备察人本质的眼力。曾国藩识人的法门在于通过对人外在形态的观察来探究其内在的精气神，也就是由表及里地洞悉他人的心地和志趣。在此处，曾国藩通过对“杨光宗头发横而盘”外在形态的体察，判断其人性情之桀骜不驯，告诫弟弟需对此警惕。此外，曾国藩察人除了依据外在相貌判断，更善于在日常生活中“听其言量其心志，观其行测其力，析其作辨其才华，闻其誉察其品格”。

沅、季弟左右：

出队以护百姓收获甚好，与吉安散耕牛籽种用意相似。吾辈不幸生当乱世，又不幸而带兵，日以杀人为事，可为寒心。惟时时存一爱民之念，庶几留心田以饭子孙耳①。杨镇南之哨官杨光宗头发横而盘，吾早虑其不

驯[2]。杨镇南不善看人，又不善断事。弟若看有不妥叶之意，即饬令仍回兄处[3]，兄另拨一营与弟换可耳。

〔注释〕

①庶几(shùjī)：表示希望的语气词，或许可以。心田：内心，良心。

②不驯：不顺从。

③饬(chì)令：命令。

〔译文〕

沅弟、季弟左右：

派部队保护老百姓收获很好，与吉安散发耕牛和种子用意相似。我辈不幸生逢乱世，又不幸而带兵打仗，每天以杀人为事，实在寒心。只有时时存着一个爱护百姓的念头，或许可以留心田让子孙有饭吃。杨镇南的哨官杨光宗的头发横且盘，我早就料到他不驯服。杨镇南不会看人，又不会断事。弟弟如果看到有什么不妥当的地方，就叫他仍旧回到我这里，为兄另外拨一个营和弟弟交换。

吾于初十日至历口，十一日拟行六十里赶至祁门县。十二日先太夫人忌辰[1]，不欲纷纷迎接应酬也。宁国府一军紧急之至，吾不能拨兵往援，而拟少济之以饷，亦地主之道耳。

〔注释〕

①忌辰：又称忌日。人去世的日子，旧俗在此日禁止娱乐行为，故称

为“忌辰”。

〔译文〕

我在初十日到历口，十一日准备走六十里赶到祁门县。十二日先太夫人忌辰，不想纷纷迎接应酬。宁国府一支军队情况非常紧急，我不能调兵去救援，而计划稍微接济他们一点儿军饷，也是尽地主之谊吧。

4.咸丰十年七月初八日
致沅弟、季弟·耐劳苦之人，日久有大效

〔题解〕

曾国藩述识才之法：以有操守而没有官气、办事有条理而少说大话为主，尤其以习惯劳苦为办事的根本。引用一班能吃苦耐劳的正人君子，日子久了，自然有大效应。

沅、季弟左右：

辅卿而外，又荐意卿、柳南二人，甚好！柳南之笃慎[①]，余深知之。意卿亮亦不凡[②]。余告筱、辅观人之法，以有操守而无官气、多条理而少大言为主。又嘱其求润帅、左、郭及沅荐人。以后两弟如有所见，随时推荐，将其人长处短处一一告知阿兄，或告筱荃。尤以习劳苦为办事之本。引用一班能耐劳苦之正人，日久自有大效。

〔注释〕

①笃慎:厚重谨慎。

②亮:通“谅”,想必。

〔译文〕

沅弟、季弟左右:

除了辅卿以外,又推荐了意卿、柳南两位,很好!柳南厚重谨慎,我很了解。意卿想必也不同凡响。我告诉筱、辅观察人的方法,以有操守而没有官气,办事有条理而少说大话为主。又嘱咐他求润帅、左、郭以及沅弟推荐人才。以后两位弟弟如果有所发现,随时推荐,把推荐人的长处短处一五一十告诉为兄,或者告诉筱荃。尤其以习惯劳苦为办事的根本。引用一班能吃苦耐劳的正人君子,日子久了,自然有大效应。

季弟言:“出色之人断非有心所能做得。”此语确不可易。名位大小,万般由命不由人。特父兄之教家、将帅之训士①,不能如此立言耳。季弟天分绝高,见道甚早②。可喜可爱!然办理营中小事,教训弁勇③,仍宜以“勤”字作主,不宜以“命”字谕众。

〔注释〕

①特:只,但。

②见道:洞彻真理,明白道理。

③弁(biàn)勇:弁兵,清代低级武官及兵丁的总称。

〔译文〕

季弟说："出色的人，绝不是有心就能做得到。"这话确实是不可更改的至理。名位的大小，万般都是由天命安排而不是由人安排。只是父兄教诲家中后辈、将帅训导士兵，不能这么说罢了。季弟天分很高，很早就能洞彻真理。可喜可爱！然而办理军营中小事，教训士兵，仍应以"勤"字为主，不宜用"命"字来教育大家。

润帅先几陈奏以释群疑之说①，亦有函来余处矣。昨奉六月二十四日谕旨，实授两江督兼授钦差大臣。恩眷方渥②，尽可不必陈明。所虑者，苏、常、淮、扬无一枝劲兵前往。位高非福，恐徒为物议之张本耳③。余好出汗，沅弟亦好出汗，似不宜过劳。

〔注释〕

①先几：事先预见。

②渥（wò）：深厚，厚重。

③物议：众人的议论，多指非议。

〔译文〕

润帅事先陈奏以消除大家疑虑的说法，也有信到我这里。日前接到六月二十四日的谕旨，实授两江总督，兼授钦差大臣。皇上的恩典如此厚重，为兄尽可以不必一一说明。所忧虑的是，苏州、常州、淮州、扬州没有一支强有力的部队前去剿匪。官位高不是福分，只怕白白地招致许多非议罢了。我喜欢出汗，沅弟也喜欢出汗，似乎不宜过分劳累。

5.同治元年四月十二日
致九弟·办大事者，多选替手

〔题解〕

此篇曾国藩根据自己的实践经验给予弟弟建议：第一，办大事的人，以多选接替人手为第一要义。第二，如果选不到满意的人，可以姑且选用次等的人，慢慢地教育培养便可以了。彼时的曾国藩已颇具“团队意识”。

沅弟左右：

水师攻打金柱关时，若有陆兵三千在彼，当易得手。保彭杏南，系为弟处分统一军起见①。弟军万八千人，总须另有二人堪为统带者②，每人统五六千，弟自统七八千，然后可分可合。

〔注释〕

①起见：犹着想。表示为达到某种目的或出于某种原因。

②堪：能，可以，足以。

〔译文〕

沅弟左右：

水师攻打金柱关的时候，如果有陆军三千人在那里，会容易得手。为兄保举彭杏南，是为弟弟那里有人统领一支分队考虑。弟弟一军共一万八千人，总还要另外有两个人可以胜任统带的，每人统领五六千人，弟弟自己统带七八千人，然后可以分可以合。

杏南而外，尚有何人可以分统？亦须早早提拔[①]。办大事者，以多选替手为第一义。满意之选不可得，姑节取其次，以待徐徐教育可也。

〔注释〕

①提拔(bō)：调拨。

〔译文〕

杏南以外，还有谁可以分统？也要早早地提拔。办大事的人，以多选接替人手为第一要义。满意的人选不到，可以姑且选用次等的人，慢慢地教育培养便可以了。

（二）为政

1.道光二十六年九月十九日 禀父母·不敢求分外之荣

〔题解〕

曾国藩就自己未得到差使和六弟乡试没有考取两事陈述自己“以不得为喜”的缘由：其一，自己没有学识却做官做到学士；其二，多次得到非分的荣誉，而祖父母、父母又都身体健康；其三，现在的京官翰林中没有祖父母、父母两辈老人都健在的。两相对比，只有曾家独享官运亨通且阖家平安的难得福泽。曾国藩一向认为“满则招损，亢则有悔，日中则昃，月盈则亏”是天下不易之理。这独享的福泽，在曾国藩看来就是“分外之荣”，而谦逊谨慎的他时刻不安、战战兢兢。若从政之人皆能以“不敢求分外之荣”自警自省，便不会有那么多贪腐之官了吧。

男国藩跪禀父母亲大人万福金安：

九月十七日，接读第五、第六两号家信。喜堂上各老人安康，家事顺遂，无任欢慰[①]！男今年不得差[②]，六弟乡试不售[③]，想堂上大人不免内忧[④]，然男则正以不得为喜。盖天下之理，满则招损，亢则有悔[⑤]，日中则昃，月盈则亏，至当不易之理也。男毫无学识而官至学士，频邀非分之荣，祖父母、父母皆康强[⑥]，可谓极盛矣。现在京官翰林中无重庆下者，惟我家独享难得之福。是以男栗栗恐惧[⑦]，不敢求分外之荣，但求堂上大人眠食如常，阖家平安，即为至幸。万望祖父母、父母、叔父母无以男不得差、六弟不中为虑，则大慰矣。况男三次考差[⑧]，两次已得；六弟初次下场，年纪尚轻，尤不必挂心也。

〔注释〕

①无任：很，非常，不胜。

②得差：得到差使。

③不售：考试不中。

④内忧：内心忧虑。

⑤亢则有悔：语出《周易·乾》："上九，亢龙有悔。"孔颖达疏："上九，亢阳之至，大而极盛，故曰亢龙，此自然之象。以人事言之，似圣人有龙德，上居天位，久而亢极，物极则反，故有悔也。"谓居高位而不知谦退，则盛极而衰，不免败亡之悔。亢，至高的。悔，灾祸。意为居高位的人要戒骄，否则会失败而后悔。后也形容倨傲者不免招祸。

⑥康强：康健，强健。

⑦栗栗(lì)：畏惧貌。

⑧考差：清代时经考试而分派至各省担任学政或主考官的制度。

〔译文〕

儿子国藩跪禀父母亲大人万福金安：

九月十七日，接读第五封和第六封家信。知道堂上各位老人身体安康，家事顺遂，非常欣慰！儿子今年没有得到差使，六弟乡试没有考取，想必堂上大人不免忧虑，然而儿子我却反而因不得而高兴。因为天下的道理，太过圆满就会招致损失，位子太高容易招致败亡，太阳当顶便会西落，月亮圆了就会亏缺，这是千古不移的道理。儿子我一点儿学识也没有却做官做到学士，多次得到非分的荣誉，祖父母、父母又都身体健康，可说是盛极一时了。现在的京官翰林中没有祖父母、父母两辈老人都健在的，只有我家独享这种难得的福泽。因而儿子时刻不安、战战兢兢，不敢谋求非分的荣宠，但求堂上大人睡眠饮食正常，全家平安，就是最大的幸运。希望祖父母、父母、叔父母不要因为我没有得到差使、六弟未能考中而忧虑，那我就大为安慰了。况且儿子三次考差，两次得差；六弟初次下场考试，年纪还轻，更不必放在心上。

同县黄正斋，乡试当外帘差①，出闱即患痰病②，时明时昏，近日略愈。男癣疾近日大好，头面全看不见，身上亦好了九分。十八生女，男妇极平安。惟体太弱，满月当大补养。在京一切，男自知谨慎。

〔注释〕

①外帘：旧时科举乡试、会试时在考场担任提调监试的官员。在贡院内阅卷的官员叫内帘。

②出闱（wéi）：旧时指科举考试结束后考生离开试院。痰病：指精神

性疾病。

〔译文〕

同县的黄正斋，乡试当外帘差，出试场就犯痰病，有时清醒，有时不清醒，近日稍微好些。儿子我的癣疾近日好多了，头上脸上已一点儿看不出，身上也好了九分。十八日生了一个女儿，您儿媳妇很平安。只是身体太弱，满月后当大大地补养。在京城的一切事情，儿子自己知道谨慎。

八月廿三日，折差处发第十四号信。廿七日，周缦云处寄寿屏，发十五号信。九月十二日，善化郑七处寄诰封卷六十本，发第十六号信，均求查收。

男谨禀。

〔译文〕

八月二十三日，我在信差那儿发出第十四封家信。二十七日，在周缦云处寄寿屏，发第十五封家信。九月十二日，在善化郑七处寄诰封卷六十本，发第十六封家信，均请查收。

儿谨禀。

2.咸丰元年五月十四日
致诸弟·在廷皆趋于骨鲠，遇事不敢退缩

〔题解〕

曾国藩的奏折有“晚清天下第一奏折”的美誉，其中最令人

瞩目也最惊心动魄的当属《敬陈圣德三端预防流弊疏》。时任礼部右侍郎的曾国藩应诏陈言,以“圣德三端”要“预防流弊”为题上疏,直言君过,词锋逼人,以致咸丰帝“怒掷其折于地”。所谓三大流弊即指“琐碎气”“文饰气”“骄矜气”。流弊的后果是整个朝廷的大臣们不敢说一句逆耳的话,人人都习惯于唯唯诺诺、阿谀奉承,都谨小慎微而疏忽了大的方面,长此以往将助长皇上的骄傲自满,以致不喜欢听刚直批评意见而喜欢听颂扬吹嘘。为了避免这样的后果,曾国藩将得失祸福置之度外而上疏言事,“欲以此疏稍挽风气,冀在廷皆趋于骨鲠,而遇事不敢退缩”。即想通过这个折子稍微挽回一下恶劣的风气,希望朝臣在朝廷里敢于说话,遇事不敢退缩。最后皇上仁慈地包涵了这不顾身家性命、直言君主之过的骨鲠之臣曾国藩。

澄侯、温甫、子植、季洪四位老弟足下:

四月初三日发第五号家信,厥后折差久不来,是以月余无家书。五月十二折弁来,接到家中四号信,乃四月一日所发者,具悉一切。植弟大愈,此最可喜!

〔译文〕

澄侯、温甫、子植、季洪四位老弟足下:

四月初三日发了第五封家信,此后信差很久不来,所以有一个多月没有家信。五月十二日信差来了,接到家中四月一日发的第四封信,详细地知道一切。植弟的病好了,这是最可喜的!

京寓一切平安，癣疾又大愈[1]，比去年六月更无形迹。去年六月之愈，已为五年来所未有，今又过之。或者从此日退，不复能为恶矣。皮毛之疾，究不甚足虑，久而弥可信也。

〔注释〕

①大愈（yù）：病全好、痊愈。

〔译文〕

京城寓内一切平安，癣疾又痊愈，比去年六月更看不出形迹。去年六月的好转，已是五年来从没有过的，现在的情况更好一些。或者从现在开始一天比一天好，不会再被这病折磨了。皮毛上的病，终究不足以忧虑，时间越久这话越可以相信。

四月十四日考差，题“乐民之乐者，民亦乐其乐”[1]，经文题“必有忍，其乃有济，有容，德乃大”[2]，赋得“濂溪乐处”，得“焉”字。二十六日，余又进一谏疏[3]，敬陈圣德三端，预防流弊[4]。其言颇过激切[5]，而圣量如海，尚能容纳，岂汉唐以下之英主所可及哉！余之意，盖以受恩深重，官至二品，不为不尊；堂上则诰封三代[6]，儿子则荫任六品，不为不荣。若于此时，再不尽忠直言，更待何时乃可建言[7]？而皇上圣德之美，出于天亶自然[8]，满廷臣工遂不敢以片言逆耳[9]，将来恐一念骄矜[10]，遂至恶直而好谀，则此日臣工不得辞其咎。是以趁此元年新政，即将骄矜之机关说破，使圣心日就兢业，而绝自是之萌，此余区区之本意也。现在人才不振，皆谨小而忽于大，人人皆习脂韦唯阿之风⑪，欲以此疏稍挽风气，冀在廷皆趋于骨鲠⑫，而遇事不敢退缩。此余区区之余意也。

〔注释〕

①乐民之乐者，民亦乐其乐：语出《孟子·梁惠王下》："乐民之乐者，民亦乐其乐；忧民之忧者，民亦忧其忧。"统治者如果以民众的快乐为快乐，民众也会以统治者的快乐为快乐；统治者担忧民众担忧的事情，民众也会为统治者分忧。

②必有忍，其乃有济，有容，德乃大：语出《尚书·君陈》："尔无忿疾于顽。无求备于一夫。必有忍，其乃有济，有容，德乃大。"一定要忍耐，这样才能成功；能够宽容，德行才能光大。

③谏疏：条陈得失的奏章。

④流弊：滋生或沿袭而成的弊端。

⑤激切：激烈率直。

⑥诰（gào）封：封建王朝对官员及其先代、妻室授予爵位或称号。

⑦建言：通过口头或文章提出的有益的意见。

⑧天亶（dǎn）：谓帝王的天性为"天亶"。

⑨逆耳：听起来使人不悦和不能接受。

⑩骄矜（jīn）：傲慢自大。

⑪脂韦：脂油及软皮。形容油滑、柔弱。后比喻谄媚、圆滑。出自《楚辞·卜居》。唯阿（ā）：出自《老子》："唯之与阿，相去几何。"唯、阿皆应诺声。形容卑恭顺从。

⑫骨鲠（gěng）：比喻个性正直、刚健。

〔译文〕

四月十四日考差，题目是“乐民之乐者，民亦乐其乐”，经文题目是“必有忍，其乃有济，有容，德乃大”，赋得“濂溪乐处”，分得“焉”字。二十六日，我又上呈了一个谏疏，恭敬地陈述了皇上三方面的圣德，预防流弊。言辞过于激烈率直，但皇上容人的气量像大海一样，还能容纳得下，哪里是汉唐以来的英明君主可以比拟的呢！我的意思是，自己所受的恩泽深厚，官到了二品，不能不算荣贵；堂上则诰封三代，儿子则荫官六品，不能不算荣耀。如果在这种时候，再不尽忠直言，那还等什么时候进言呢？而皇上的美好圣德出自天性，整个朝廷的大臣们不敢说一句逆耳的话，恐怕长此下去助长皇上的骄傲自满，以至不喜欢听刚直批评意见，而喜欢听颂扬吹嘘，那么大臣们就不能推卸自己的罪责了。因此趁着咸丰元年实行新政的机会，把这个骄矜的关键说破，使皇上天天兢兢业业，断绝自以为是的思想萌芽，这是我小小的本意。现在国家人才不兴旺，都谨小慎微而疏忽了大的方面，人人都习惯于唯唯诺诺、阿谀奉承，我想通过这个折子稍微挽回一下恶劣的风气，希望朝臣在朝廷里敢于说话，遇事不敢退缩。这是我另外一点小小的心意。

折子初上之时，余意恐犯不测之威，业将得失祸福置之度外矣，不意圣慈含容[1]，曲赐矜全[2]。自是以后，余益当尽忠报国，不得复顾身家之私[3]。然此后折奏虽多，亦断无有似此折之激直者；此折尚蒙优容[4]，则以后奏折，必不致或触圣怒可知。诸弟可将吾意细告堂上大人，毋以余奏折不慎，或以戆直干天威为虑也⑤。

〔注释〕

①圣慈：圣明慈祥。旧时对皇帝或皇太后的谀称。含容：容纳。

②曲赐（cì）：敬辞。称尊长的赐予、关照等。犹言承蒙赐予。矜（jīn）全：怜惜而予以保全。

③身家：对自身和家庭的合称。

④优容：宽待，宽容。

⑤戆（zhuàng）直：迂愚而刚直。干：触犯，冒犯，冲犯。

〔译文〕

折子刚呈上去时，我私下里还担心可能会触犯天威，已经把得失祸福置之度外，没料到皇上竟仁慈包涵，恩赐保全。自此以后，我更要尽忠报国，不再去顾虑身家性命这些私事。但是以后要上呈的折奏虽多，也绝不会再有像这个奏折这么激烈直接的了；这么激直的折子还能蒙皇上优容，那么以后的折子一定不至触犯天威了。弟弟们可以把这个意思详细告知堂上大人，不要让堂上大人担心我上奏折不谨慎，或担心我因为刚直而触犯天威。

父亲每次家书，皆教我尽忠图报，不必系念家事。余敬体吾父之教训，是以公尔忘私、国尔忘家，计此后但略寄数百金偿家中旧债，即一心以国事为主，一切升官得差之念，毫不挂于意中。故昨五月初七大京堂考差，余即未往赶考。侍郎之得差不得差，原不关乎与考不与考。上年己酉科，侍郎考差而得者三人，瑞常、花沙纳、张芾是也；未考而得者亦三人，灵桂、福济、王广荫是也。今年侍郎考差者五人，不考者三人。是日题“以义制事，以礼制心论”，诗题“楼观沧海日”得“涛”字。五月初一放云贵差，十二放两广、福建三省，名见京报内，兹不另录。袁漱六考差颇为得意，诗亦工妥，应可一得，以救积困①。

〔注释〕

①积困：长年的危难。

〔译文〕

父亲每次家信都教育我尽忠报国，不必挂念家里。我恭敬地体会父亲的教训，所以公而忘私、国而忘家，今后准备只略寄几百两银子还家里的旧债，便一心以国家大事为主，一切升官、得差使的念头，丝毫不挂在心上。所以昨日五月初七日大京堂考差，我便没有去参考。侍郎的得差使不得差使，本来就和考与不考无关。去年己酉科，侍郎参加考试而得差使的三个人：瑞常、花沙纳、张芾；没有参加考试而得差使的也是三个人：灵桂、福济、王广荫。今年侍郎参加考试而得差使的五个人，没有参加考试而得差使的三个人。那天的题目是“以义制事，以礼制心论”，诗题是“楼观沧海日”，得“涛”字。五月初一日外放云南、贵州的差事，十二日放任广东、广西、福建三省的差事，名单登在京报上，现不另外抄了。袁漱六考差很是得意，诗也做得工妥，应该可以得一差使，来拯救他长年的危难。

朱石翘明府初政甚好，自是我邑之福，余下次当写信与之。霞仙得县首，亦见其犹能拔取真士[①]。刘继振既系水口近邻，又送钱至我家，求请封典，义不可辞，但渠三十年四月选授训导，已在正月廿六恩诏之后，不知尚可办否。当再向吏部查明。如不可办，则当俟明年四月升祔恩诏乃可呈请[②]。若并升祔之时推恩不能及于外官，则当以钱退还，家中须于近日详告刘家，言目前不克呈请，须待明年六月乃有的信耳。

〔注释〕

①真士：有操守、才能之士。

②升祔(fù)：升入祖庙附祭于先祖。

〔译文〕

朱石翘明府的新政非常好，自然是我们家乡的福气，我下次会写信给他。霞仙考中县首，也可见他尤其能够选拔有操守、才能的士人。刘继振既然是水口村的近邻，又送钱到我家来请求封典，我义不容辞，但他三十年四月选拔了训导，已是在二十六日恩诏以后，不知道还能不能办。我当再向吏部查明。如不可以办，那应当等明年四月升祔，皇帝下降恩诏书，才可呈请。如果升祔的时候，推恩不能及于外官，就应当把钱退还给他，家里要在近日详细告诉刘家，说目前不能呈请，要等明年六月才有确信。

澄弟河南、汉口之信，皆已接到。行路之难，乃至于此！自汉口以后，想一路载福星矣。刘午峰、张星垣、陈谷堂之银皆可收，刘、陈尤宜受之，不受反似拘泥。然交际之道，与其失之滥，不若失之隘。吾弟能如此，乃吾之所欣慰者也。西垣四月廿九到京，住余宅内，大约八月可出都。

〔译文〕

澄弟河南、汉口的信都已接到。行路的艰难，竟到这种程度！从汉口开始，想必是一路福星高照了。刘午峰、张星垣、陈谷堂的银子都可以收，刘、陈二位的银子尤其要收，不收反而显得拘泥。但是交际的道理，与其失之泛滥，不若失之狭隘。弟弟能够做到这样，是我很欣慰的事了。西垣四月二十九日到京城，住在我家，大约八月可离京城。

此次所寄折底，如欧阳家、汪家及诸亲族，不妨抄送共阅。见余忝窃高位①，亦欲忠直图报，不敢唯阿取容②，惧其玷辱宗族，辜负期望也。

余不一一。

兄国藩手草。

〔注释〕

①忝(tiǎn)窃：谦言辱居其位或愧得其名。

②唯阿取容：指讨好别人以求自己安身。

〔译文〕

这次所寄的奏折底稿，不妨抄送欧阳家、汪家以及各亲族看看。使他们知道我愧窃高位，也想忠直报国，不敢唯诺阿谀，就怕玷辱宗族，辜负祖宗的期望。

其余不一一写了。

兄国藩亲笔。

3.咸丰八年正月十一日
致九弟·照申照行，不可疏懒

〔题解〕

此篇讲为政切不可疏懒。曾国藩以自己为例，认为自己生平的过失在于志大才疏，有心而缺乏实力，因此百无一成。劝诫弟弟应勤于政事，不可疏怠懒散。

沅甫九弟左右：

初七、初八连接弟两信，具悉一切。亮一去时，信中记封有报销折稿，来信未经提及，或未得见耶？廿六早，地孔轰倒城垣数丈①，而未克成功，此亦如人之生死早迟，时刻自有一定，不可强也。

〔注释〕

①城垣：城墙。

〔译文〕

沅甫九弟左右：

初七、初八连接弟弟两封信，一切情况都已经知道。亮一去送信的时候，记得信中封有报销奏折稿件，弟弟来信也没有提到，难道没有看见吗？二十六日早上，在地上打孔，轰倒城墙好几丈，而攻城仍没有成功，这也像人生死的早晚，自然都有一定的时刻，不可勉强。

总理既已接札，则凡承上起下之公文，自不得不照申照行[①]，切不可似我疏懒[②]，置之不理也。余生平之失在志大而才疏，有实心而乏实力，坐是百无一成[③]。李云麟之长短亦颇与我相似，如将赴湖北，可先至余家一叙再往。润公近颇综核名实[④]，恐亦未必投洽无间也[⑤]。

〔注释〕

①申：旧时官府行文，下级对上级称“申”。

②疏懒：疏怠懒散，不受拘束。

③坐是：因是之故，因此。

④综核名实：对事物进行综合考核以察其名称和实际是否符合。一般用于吏治。

⑤投洽（qià）：投机，合得来。

〔译文〕

总理既然已经接到公文，那么凡属承上启下的公文，自然不得不照常上报施行，切不可以像我那样疏怠懒散，置之不理。我生平的过失在于志大才疏，有心而缺乏实力，因此百无一成。李云麟的长处和短处也和我相似。如他要去湖北，可先到我家叙叙旧再去。润公近来综核名实，恐怕也未必能够融洽没有隔阂。

近日身体略好，惟回思历年在外办事，愆咎甚多[①]，内省增疚[②]。饮食起居一切如常，无劳廑虑[③]。今年若能为母亲大人另觅一善地[④]，教子侄略有长进，则此中豁然畅适矣。弟年纪较轻，精力略胜于我，此际正宜提起全力，早夜整刷[⑤]。昔贤谓“宜用猛火煮，慢火温”，弟今正用猛火之时也。

〔注释〕

①愆(qiān)咎：罪过。

②内省(xǐng)：自我观察与反省。

③廑(qín)虑：殷切挂念。旧时书信中常用。

④善地：好地方。

⑤整刷：整治刷新。

〔译文〕

近日身体略为好些，只是回想历年在外所办的事，过错很多，自我反省时倍增愧疚。饮食起居一切如常，不劳挂念。今年如果能为母亲大人另外找一处好地方，能教子侄们略有进步，就能豁然畅快舒适了。弟弟年纪较轻，精力比我强，这个时候正应该全力以赴，日夜整治刷新。过去的圣贤说“做事业如同煮肉，应该用猛火煮,用慢火温”,弟弟现在正是用猛火的时候。

李次青之才实不可及。吾在外数年,独觉惭对此人。弟可与之常通书信,一则稍表余之歉忱[①],一则凡事可以请益。余京中书籍,承漱六专人取出,带至江苏松江府署中,此后或易搬回。书虽不可不看,弟此时以营务为重,则不宜常看书。凡人为一事,以专而精,以纷而散。荀子称“耳不两听而聪,目不两视而明”,庄子称“用志不纷,乃凝于神”,皆至言也[②]。

〔注释〕

①歉忱(chén):抱歉的心情。

②至言:最美善的言论、最合宜的道理。

〔译文〕

李次青的才能实在不是一般人能比得上的。为兄我在外数年,唯独觉得愧对此人。弟弟可以常和他通信,一方面稍微表示一下我的歉意,一方面遇什么事情都可向他请教。我在京城的书,承蒙漱六派专人取出,带到江苏松江府署中,以后或许就容易搬回来了。书虽说不可以不看,但弟弟现在应以军事营务为重,不适合经常看书。凡做一件事,都因为专心而精进,因为纷扰而散乱。荀子说“耳朵因为不听两个声音而听得清,眼睛因为不看两处而看得明白”,庄子说“心志不纷乱,精神才能专注”,这都是至理名言。

4.咸丰八年五月初六日
致九弟·吏才更优,可作循吏

〔题解〕

此信叙述弟弟为政优于带兵,曾国藩对此颇为欣喜。他认为弟弟为政的才能胜过带兵的才能,将来或者可以做一个守法循理的好官,能切实做几件对老百姓有实惠的事,那便是曾家的荣光,是兄长的荣幸。

沅弟左右:

昨信书就,未发。初五夜,玉六等归,又接弟信,报抚州之复。它郡易而吉州难,余固恐弟之焦灼也。一经焦躁,则心绪少佳,办事不能妥善。余前年所以废弛,亦以焦躁故尔。总宜平心静气,稳稳办去。

〔译文〕

沅弟左右:

昨天信写好了,没有发。初五夜里,玉六等人回来,又接到弟弟的信,告知抚州收复的消息。其他的郡容易攻克而吉安很难,我必然担心弟弟会焦急。一旦焦躁,心情就不好,办事便不能妥当。我前年之所以那么懈怠,也是因为焦躁的缘故。总要平心静气,稳妥办事。

余前言弟之职以能战为第一义，爱民第二，联络各营将士、各省官绅为第三。今此天暑困人，弟体素弱，如不能兼顾，则将联络一层稍为放松，即第二层亦可不必认真，惟能战一层则刻不可懈。目下壕沟究有几道？其不甚可靠者尚有几段？下次详细见告。九江修壕六道，宽深各二丈，吉安可仿为之否？

〔译文〕

我之前说弟弟的职责以能战斗为第一要义，爱民第二，联络各营将士、各省官绅为第三。现在天气暑热让人困顿，弟弟身体素来虚弱，如不能兼顾，那么把联络各营将士、各省官绅这层略为放松，即使是第二层爱民也可不必认真，只有能战斗这一层时刻不能放松。现在壕沟究竟有几道？其中不太可靠的还有几段？下次来信详细告诉我。九江修壕沟六道，宽深各两丈，吉安可以照这样修吗？

弟保同知花翎①，甚好甚好！将来克复府城，自可保升太守②。吾不以弟得升阶为喜，喜弟之吏才更优于将才③，将来或可勉作循吏④，切实做几件施泽于民之事，门户之光也，阿兄之幸也。

〔注释〕

①同知：官名。称副职。宋代中央有同知阁门事、同知枢密院事，府州军亦有同知府事、同知州军事。元、明因之。清代唯府、州及盐运使置同知，府同知即以“同知”为官称，州同知称“州同”，盐同知称“盐同”。花

翎：孔雀翎。清朝以孔雀羽制成拖在帽后表示官品的帽饰。本来由皇帝赐给建有功勋的人或贵族，后来五品以上的官就可以出钱捐花翎戴。花翎有单眼、双眼、三眼之别，以三眼花翎为最贵。

②太守：职官名。一郡之长，宋以后改郡为府，故知府亦别称为"太守"。

③吏才：为政的才能。将才：具有成为将领的才能。

④循吏：守法循理的官吏。

〔译文〕

弟弟被保举了同知，赏赐花翎，很好！很好！将来收复府城，自然还可以保升知府。我不是因为弟弟得官阶而高兴，而是高兴弟弟为政的才能胜过带兵的才能，将来或者可以努力做一个守法循理的好官，切实做几件对老百姓有实惠的事，那就是我曾家的光荣，是为兄的荣幸。

5.咸丰十年七月十二日 致九弟、季弟·以勤报君，以爱民报亲

〔题解〕

曾国藩被委以重任后，慎思慎行的他提出"以一'勤'字报吾君，以'爱民'二字报吾亲"：第一，以坚守"勤"字来减少使皇上日夜操心的忧虑；第二，行军是骚扰百姓的事，但要时刻存爱民之心。他希望两位弟弟也常常有这种想法。

沅、季弟左右：

兄膺此巨任①，深以为惧。若如陆、何二公之前辙，

则诒我父母羞辱，即兄弟子侄亦将为人所侮。祸福倚伏之几[②]，竟不知何者为可喜也。默观近日之吏治、人心及各省之督抚将帅，天下似无戡定之理[③]。吾惟以一“勤”字报吾君，以“爱民”二字报吾亲。才识平常，断难立功，但守一“勤”字，终日劳苦，以少分宵旰之忧[④]。行军本扰民之事，但刻刻存爱民之心，不使先人之积累自我一人耗尽。此兄之所自矢者[⑤]，不知两弟以为然否？愿我两弟亦常常存此念也。

〔注释〕

①膺(yīng)：接受，承当。

②祸福倚伏：祸与福常相因而至。比喻坏事和好事互相依存。语出《老子》：“祸兮福所倚，福兮祸所伏。”

③戡(kān)定：克定，平定。

④宵旰(gàn)：“宵衣旰食”的省文，比喻勤于政事。

⑤自矢(shǐ)：犹自誓。立志不移。

〔译文〕

沅弟、季弟左右：

为兄承担这个重任，深感恐惧。如果重蹈陆、何二公的覆辙，那会给父母带来羞辱，就是兄弟子侄也将受到别人的侮辱。祸福相倚的关头，真不知道有什么值得高兴的。暗暗观察近年的吏治、人心以及各省的督抚将帅，天下似乎没有平定的道理。我只有以一个“勤”字报答皇上，以“爱民”二字报答父母。我的才能见识都平常，绝难立功，但坚守一个“勤”字，终日劳苦，以减少使皇上日夜操心的忧虑。行军本来就是骚扰百姓的事，唯有时刻存着爱民的心，不让祖先积累的德泽在我一人手中消耗殆尽。这是为兄自己的决心，不知两位弟弟觉得对吗？愿两个弟弟也常常有这种想法。

沅弟“多置好官，遴选将才”二语[1]，极为扼要。然好人实难多得，弟为留心采访。凡有一长一技者，兄断不敢轻视。谢恩折今日拜发。宁国日内无信。闻池州杨七麻子将往攻宁，可危之至！

〔注释〕

①遴(lín)选：慎重地选拔，慎重选择。

〔译文〕

沅弟“多置好官，遴选将才”两句话，极为扼要。然而好人难以多得，弟弟为我留心采访。凡有一技之长的，兄长决不敢轻视。谢恩的折子今天拜发。宁国这几天没有信。听说池州杨七麻子将进攻宁国，宁国实在是很危险！

6.同治元年九月初四日
致四弟·与官相见，谦谨为主

〔题解〕

此文除叙述军中事务之外，主要与弟弟探讨与官员相处之

道，即以保持若远若近、不亲不疏之间为适宜，总的原则便是以“谦”“谨”二字为主。

澄弟左右：

沅弟金陵一军危险异常，伪忠王率悍贼十余万昼夜猛扑，洋枪极多，又有西洋之落地开花炮。幸沅弟小心坚守，应可保全无虞①。鲍春霆至芜湖养病，宋国永代统宁国一军，分六营出剿，小挫一次。春霆力疾回营②，凯章全军亦赶至宁国守城。虽病者极多，而鲍、张合力，此路或可保全。又闻贼于东坝抬船至宁郡诸湖之内，将图冲出大江，不知杨、彭能知之否。若水师安稳，则全局不至决裂耳。

〔注释〕

①无虞(yú)：没有忧患，太平无事。

②力疾：勉强支撑病体。

〔译文〕

澄弟左右：

沅弟在金陵的军队非常危险，伪忠王率领悍匪十余万人日夜猛攻，他们的洋枪很多，又有西洋的落地开花炮。幸亏沅弟小心坚守，应该可以保全没有忧患。鲍春霆到芜湖养病，宋国永代理统率宁国的军队，分六营进攻，小败一次。春霆勉强支撑病体急速回营，凯章全军也赶到宁国守城。虽然生病的官军很多，而鲍、张联合作战,这条战线或许可以保全。又听说敌人在东坝抬船到宁郡附近湖内,企图冲出大江,不知道杨、彭清楚不清楚敌人的动向。如果水师安稳,那么全局就不致决裂。

来信言余于沅弟既爱其才,宜略其小节,甚是甚是!沅弟之才,不特吾族所少,即当世亦实不多见。然为兄者,总宜奖其所长①,而兼规其短②。若明知其错,而一概不说,则非特沅一人之错,而一家之错也。

〔注释〕

①奖:劝勉,勉励,称赞,表扬。
②规:劝告,建议。

〔译文〕

澄弟来信说我对于沅弟,既然爱他的才,就应不计较他的小节,你说得很对很对!沅弟的才能,不仅在我家族中少有,在当今世上也不多见。然而我这做兄长的,总应该在夸奖他的长处的同时,对他的短处有所规劝。如果明知他错了,却一概不说,那便不是沅弟一人之错,而成了我们一家之错了。

吾家于本县父母官,不必力赞其贤,不可力诋其非。与之相处,宜在若远若近、不亲不疏之间。渠有庆吊①,吾家必到;渠有公事,须绅士助力者,吾家不出头,亦不躲避。渠于前后任之交代②,上司衙门之请托③,则吾家丝毫不可与闻。弟既如此,并告子侄辈常常如此。子侄若与官相见,总以“谦”“谨”二字为主。

〔注释〕

①庆吊:庆贺与吊慰。亦指喜事与丧事。

②交代:接替,移交。

③请托:请别人办事,以私事相托。

〔译文〕

我家对于本县父母官,不必极力称赞他的贤良,也不可极力去说他的不是。与他们相处,以保持若远若近、不亲不疏之间为适宜。他们有喜事与丧事,我家必到;他们有公事,需要绅士帮助的,我家不出头,但也不躲避。他们对于前后任的交接事宜,以及对上司衙门的请求委托,我家丝毫不参与其事。弟弟你这样做了,还要告诉子侄们都这样。子侄们与官员相见,总以“谦”“谨”二字为主。

7.同治二年四月初一日
致九弟·奏议是人臣最要之事

〔题解〕

此信中曾国藩告诉弟弟“奏议是人臣最要之事”,还结合弟弟行文特点建议他写奏议时要注意简约得当。

沅弟左右：

弟之谢恩折，尚可由安庆代作代写代递。初膺开府重任[1]，心中如有欲说之话，思自献于君父之前者，尽可随时陈奏。奏议是人臣最要之事[2]，弟须加一番工夫。弟文笔不患不详明[3]，但患不简洁，以后从“简当”二字上着力[4]。

〔注释〕

①膺（yīng）：担当，接受重任。

②人臣：臣子，臣下。

③不患：不用担忧。

④简当：简约得当。着力：尽力，用力。

〔译文〕

沅弟左右：

弟弟谢恩的折子，还可由安庆代作代写代递。弟弟初次担当开府重任，心中如有想说的话，想要自己在圣上那里表达出来的，可以随时陈奏。奏议是做臣子最重要的事情，弟弟需要下一番功夫。弟弟的文笔不用担忧不详细明白，只需担忧不简洁，以后要在“简当”二字上用力。

（三）军事

1.咸丰四年三月二十五日
致父亲·军中要务数条

〔题解〕

此信叙述“军中要务数条”：第一，军营中吃饭应该趁早；第二，应好好扎营；第三，调军出战，不能太分散；第四，破贼的阵法；第五，抓住形迹可疑的人，以后一定严加惩办，绝不姑息。

男国藩跪禀父亲大人万福金安：

廿二日接到十九日慈谕[1]，训戒军中要务数条，谨一一禀复[2]：

〔注释〕

①慈谕：指父母亲的口头训示或亲笔信。

②禀复：向尊长回复。

〔译文〕

儿国藩跪禀父亲大人万福金安：

二十二日接到十九日父亲大人的亲笔信，训诫军中紧要事务数条，儿子现在谨一一回复：

一、营中吃饭宜早，此一定不易之理①。本朝圣圣相承，神明寿考②，即系早起能振刷精神之故③。即现在粤匪暴乱，为神人所共怒，而其行军，亦系四更吃饭，五更起行④。男营中起太晏、吃饭太晏⑤，是一大坏事。营规振刷不起，即是此咎⑥。自接慈谕后，男每日于放明炮时起来，黎明看各营操演。而吃饭仍晏，实难骤改。当徐徐改作天明吃饭，未知能做得到否。

〔注释〕

①一定不易：原指一定下来就不变更，后形容事理正确，不可改变。易，改变。

②神明：英明，圣明。寿考：年高，长寿。

③振刷：奋起图新，振作。

④起行：动身，出动。

⑤晏（yàn）：迟，晚。

⑥咎（jiù）：过失，罪过。

〔译文〕

一、军营中吃饭应该趁早，这是不可改变的道理。本朝代代圣主相传，英明长寿，就是早起能振奋精神的缘故。即使现在粤匪暴乱，为人神所共怒，而他们行军也是四更吃饭，五更动身。儿子我的军营中起得太晚、吃饭太晚，是一大坏事。军营的规矩不能振奋，就是因为这个过失。自从接到父亲的亲笔信后，儿子我每日在放明炮时起来，黎明时巡视各营操演。但吃饭还是晚，实在很难突然改变。当慢慢改作天亮吃饭，不知能不能做得到。

二、扎营一事，男每苦口教各营官[①]，又下札教之[②]。言筑墙须八尺高、三尺厚，壕沟须八尺宽、六尺深；墙内有内壕一道，墙外有外壕二道或三道；壕内须密钉竹签云云。各营官总不能遵行。季弟于此等事尤不肯认真。男亦太宽，故各营不甚听话。岳州之溃败，即系因未能扎营之故。嗣后当严戒各营也。

〔注释〕

①苦口：反复恳切地说。

②札（zhá）：旧时的一种公文。

〔译文〕

二、扎营这件事，儿子我每次反复恳切地教导各位营官，又下发公文教导他们。说筑墙必须八尺高、三尺厚，壕沟必须八尺宽、六尺深；墙内要有内壕一道，墙外要有外壕两条或三条；壕内必须密密麻麻地钉好竹签等等。各位营官总不能遵守。季弟对此等事尤其不肯认真。我也太宽容，所以各营都不是很听话。

岳州之战溃败，就是因为没有好好扎营的缘故。以后我会更严厉地告诫各营的。

三、调军出战，不可太散。慈谕所戒，极为详明。昨在岳州，胡林翼已先至平江，通城屡禀来岳请兵救援，是以于初五日遣塔、周继往。其岳州城内王璞山有勇二千四百，朱石樵有六百，男三营有一千七百，以为可保无虞矣，不谓璞山至羊楼司一败。而初十开仗，仅男三营与朱石樵之六百人，合共不满三千人，而贼至三万之多，是以致败。此后不敢分散。然即合为一气，而我军仅五千人，贼尚多至六七倍，拟添募陆勇万人，乃足以供分布耳。

〔译文〕

三、调军出战，不能太分散。父亲大人的亲笔信告诫得极其详细明白。昨天在岳州，胡林翼已经先到了平江，通城多次来岳州禀报请求救援，因此初五日派塔、周二人相继前往。岳州城内已有王璞山率领的士卒二千四百人，朱石樵有六百人，儿子我三个营有一千七百人，以为可以万无一失，没想到璞山在羊楼司大败。初十日开战，仅仅儿子我三营和朱石樵的六百人，总共不满三千人，但贼匪多至三万，因此导致失败。此后军队不敢分散。但是即使是合而为一，我军仅有五千人，贼匪还多六七倍，儿子打算增添招募陆军一万人，才足以供分遣布置。

四、破贼阵法，平日男训戒极多，兼画图训诸营官。二月十三日，男亲画贼之莲花抄尾阵，寄交璞山，璞山并不回信；寄交季弟，季弟回信言贼了无伎俩[①]，并无所谓抄尾阵；寄交杨名声、邹寿璋等，回信言当留心。慈训言当用常山蛇阵法[②]，必须极熟极精之兵勇乃能如此。昨日岳州之败，贼并未用抄尾法，交手不过一个时辰，即纷纷奔退，若使贼用抄尾法，则我兵更胆怯矣。若兵勇无胆无艺，任凭好阵法，他也不管，临阵总是奔回，实可痛恨。

〔注释〕

①了无：全无，毫无。伎俩（jìliǎng）：技艺，本领。

②慈训：母或父的教诲。

〔译文〕

四、破贼的阵法，儿子平日训诫极多，还画图训导诸位营官。二月十三日，儿子亲手画出贼匪的莲花抄尾阵，寄给璞山，璞山并没有回信；寄给季弟，季弟回信说贼匪全无本领，并没有什么所谓的抄尾阵；寄交杨名声、邹寿璋等人，他们回信说会留心。父亲大人教诲说应当用常山蛇阵法，且必须极熟、极精的士卒才能奏效。昨天在岳州战败，贼匪并没有用抄尾法，交手不过一个时辰，我军将士就纷纷奔退，如果贼匪用了抄尾法，那么我军将士们更加胆怯了。如果将士们既没有胆量，又没有本领，任凭是好阵法他也不管，临阵总是往回跑，实在让人痛恨。

五、拿获形迹可疑之人，以后必严办之，断不姑息[1]。

〔注释〕

①姑息：无原则地宽恕别人。

〔译文〕

五、抓住形迹可疑的人，以后一定严加惩办，绝不姑息。

以上各条，谨一一禀复，再求慈训。
男谨禀。

〔译文〕

以上各条，儿子我谨一一回禀，再请父亲大人训示。
儿子谨禀。

2.咸丰七年十月十五日 致九弟·相持日久，最戒浪战

〔题解〕

此文叙述与敌作战的一个重要原则，是与贼匪相持日久，最戒轻率作战，宁可几个月不开一次战，也不可以毫无安排算计地开战。

沅甫九弟左右：

前信言牵率出队之弊[1]，关系至重。凡与贼相持日久，最戒浪战[2]。兵勇以浪战而玩[3]，玩则疲；贼匪以浪战而猾，猾则巧。以我之疲敌贼之巧，终不免有受害之一日。故余昔在营中诫诸将曰："宁可数月不开一仗，不可开仗而毫无安排算计。"此刻吉安营头太多，余故再三谆嘱[4]。

〔注释〕

①牵率（lǜ）：牵拉。

②浪战：轻率作战。

③玩：轻视，忽视。

④谆（zhūn）嘱：谆谆嘱咐。

〔译文〕

沅甫九弟左右：

前一封信说牵扯出队的弊病，关系至重。凡与贼匪相持日久，最戒轻率作战。兵卒因为轻率作战而轻视战斗，轻视战斗就会疲敝；贼匪因为我军轻率作战而奸诈，奸诈就会取巧。以我军的疲敝对抗敌匪的取巧，终究不免有受害的一天。所以我曾经在营中告诫诸位将士说："宁可几个月不开一次战，不可毫无安排算计地开战。"现在吉安的营号太多，因此我在此再三谆谆嘱咐。

重九所发之折，十二日奉到朱批[1]，兹抄付一览，圣意虽许暂守礼庐[2]，而仍不免有后命。进退之际，权衡实难也。

〔注释〕

①朱批：旧时红笔所做的批语。

②暂守礼庐：暂时在家守制服丧。

〔译文〕

九月初九所发的奏折，十二日接到朱批，现在抄录一份寄给你看看，圣上虽然允许暂时在家守制服丧，但终究会有后续命令。进退之际，实在难以权衡。

3.咸丰八年四月十七日
致九弟·凭壕对击，坚忍不出

〔题解〕

此文叙述作战之法：凭壕对击，坚忍不出。城里的敌人猛扑之时，这种稳守稳打的作战方法是最为合宜的。我军如果越过壕沟去应战，便是反主为客，等于把自己送到敌人手上；我军不越过壕沟，那我军始终是主，也就是让敌人自己送上门来。

沅甫九弟左右：

十四日，胡二等归，接弟初七夜信，具悉一切。初五

日城贼猛扑，凭壕对击，坚忍不出，最为合法。凡扑人之墙，扑人之壕，扑者，客也，应者，主也。我若越壕而应之，则是反主为客，所谓致于人者也；我不越壕，则我常为主，所谓“致人而不致于人”也①。稳守稳打，彼自意兴索然。峙衡好越壕击贼，吾常不以为然。凡此等处，悉心推求，皆有一定之理。迪庵善战，其得诀在“不轻进，不轻退”六字，弟以类求之可也。

〔注释〕

①致人而不致于人：语出《孙子兵法·虚实》。控制调动敌人而不被敌人控制调动。意谓争取主动，摆脱被动。致人，控制别人。

〔译文〕

沅甫九弟左右：

十四日，胡二等人回来，我接到弟弟初七晚上的信，知道了一切。初五日城里的敌人猛扑，弟弟的军队凭借壕沟对攻，坚忍不出，最是得法。凡是扑击敌人的城墙，扑击敌人的壕沟，扑的一方是客，应战的一方是主。我军如果越壕而应战，便是反主为客，这就是孙子说的“致于人”；我军不越壕沟，那我军始终是主，这就是孙子说的“致人而不致于人”。稳守稳打，敌方自然觉得没有意思。峙衡喜欢越壕攻敌，我常不以为然。凡是这类事，仔细考究，都有一定道理。迪庵善战，他得胜的秘诀在于“不轻进，不轻退”六个字，弟弟依此类推就好。

夷船至上海、天津[1]，亦系恫喝之常态[2]。彼所长者，船炮也；其所短者，路极远，人极少。若办理得宜，终不足患。报销奏稿及户部复奏，即日当缄致诸公。依弟来书之意，将来开局时，拟即在湖口水次盖银钱所[3]。张小山、魏召亭、李复生诸公，多年亲依，该所现存银万余两，即可为开局诸公用费，及部中使费[4]。六君子不必皆到此局，但得伯符、小泉二人入场，即可了办。若六弟在浔较久，则可至局中照护周旋；若六弟不在浔阳，则弟克吉后，回家一行，仍须往该局，为我照护周旋也。至户部承书[5]，说定费赀，目下筠仙在京似可料理。将来胡莲舫进京，亦可帮助。筠仙顷有书来，言弟名远震京师。盛名之下，其实难副，弟须慎之又慎。兹将原书抄送一阅。

〔注释〕

①夷船：洋人的军舰。

②恫喝（dònghè）：恐吓。

③水次：水边。指船只泊岸之处，码头。

④使费：用于活动、打点的费用。

⑤承书：取通知单，签字。

〔译文〕

洋人的军舰开到上海、天津，也是恫吓的常态。他们的长处在坚船利炮，他们的短处在于路途极遥远、人员极稀少。如果办理得好，洋人也终究不足为患。报销的奏折稿子和户部复奏的稿子，近日会封好寄给诸位。依照弟弟来信的意思，将来开局时，准备就在湖口码头盖银钱所。张小山、魏召亭、李复生诸公多年依附该所，现存银子一万多两，就可以作为开局诸公开销和部中使费。六君子不必都到这个局，只要伯符、小泉二人到了就可以办。如果六弟在浔阳比较久，也可以到局中照护周旋；如果六弟不在浔阳，则弟弟攻克吉安后，回家走一趟，仍旧到此局为我照护周旋。至于户部等通知，说定费用，眼下筠仙在京，应该可以办理。将来胡莲舫进京，也可以帮忙。筠仙刚有信来，说弟弟的名声远震京师。盛名之下，其实难副，弟弟必须慎之又慎。现将原信抄录一份寄给你看看。

家中四宅小大平安。兄夜来渐能成寐。先大父、先太夫人[①]，尚未有祭祀之费，温弟临行，捐银百两；余以刘国斌之赠，亦捐银百两；弟可设法捐赀否[②]？四弟、季弟则以弟昨寄之银内提百金为二人捐款。合当业二处，每年可得谷六七十石。起祠堂[③]，树墓表[④]，尚属易办。吾精力日衰，心好古文，颇知其意而不能多作。日内思为三代考妣作三墓表[⑤]，虑不克工，亦尚惮于动手也。先考妣祠宇若不能另起[⑥]，或另买二宅作住屋，即以腰里新屋为祠，亦无不可。其天家赐物及宗器、祭器等[⑦]，概藏于祠堂，庶有所归宿。将来京中运回之书籍及家中先后置书，亦贮于此祠。吾生平坐不善收拾，为咎甚巨。所得诸物，随手散去，至今追悔不已。然趁此收拾，亦尚有可为。弟收拾佳物，较善于诸昆，从此益当细心检点，凡有用之物，不宜抛散也。

〔注释〕

①先大父：已故的祖父。大父，祖父。先太夫人：已故的祖母。

②捐赀（zī）：捐助财物。

③祠（cí）堂：旧时祭祀祖宗或贤人的厅堂。

④墓表：犹墓碑。因其竖于墓前或墓道内，表彰死者，故称。

⑤考妣（bǐ）：称已死的父母。父死后称“考”，母死后称“妣”。

⑥祠宇：祠堂，神庙。

⑦宗器：古代宗庙祭祀所用的器物。祭器：祭祀时用的器具。

〔译文〕

家中四宅大小平安。为兄夜里渐渐也能睡得着了。先祖父、先祖母还没有祭祀的费用，温弟临走，捐银一百两；我从刘国斌送我的银子中也拿出一百两捐了；弟弟可以设法捐点钱吗？四弟、季弟从弟弟昨天寄来的银两中提出一百两，作为他们两人的捐款。这些钱合在一起，可以置办两处产业，每年可得稻谷六七十石。建祠堂、立墓碑，还是容易办的。我精力一天不如一天，心喜古文，深知其意而不能多做。近日想为三代祖先写三篇碑文，担心写不好，也还有些怕动笔。先父先母的祠堂如不能另外建造，或许可以另外买两处房子做住宅，便以腰里新屋为祠堂，也没有什么不可以。皇家赏赐物品及宗器、祭器等，一概放在祠堂，也算让这些物件有个归宿之处。将来从京城运回的书籍以及家里先后买的书，也贮藏在这个祠堂里面。我生平因不会收拾，过失很大。所得到的东西，随手就丢了，至今后悔不已。然而趁此好好收拾，也还有所作为。弟弟你收拾东西比其他几个弟弟都强，从今以后更应细心检点，凡是有用的东西，不应随手乱扔。

4.咸丰十一年四月十二日
致九弟·约期打仗，最易误事

〔题解〕

此信叙述作战中应注意的几件事情：第一，已过之事，不必后悔；第二，约定日期一起打仗，最容易耽误事。这一点也是曾国藩主要强调的方面，他连举数例证明“约期打仗，最易误事”，希望能引起弟弟重视；第三，攻打城池和壁垒时，要先引敌人出来，击败敌军之后，才可以乘势攻打他们；第四，必胜的时候暗伏着败机，必败的时候暗伏着生机。只能小心谨慎地自我约束，尽力谋划而听从上天的安排。

沅弟左右：

有数事应商嘱者，条列于后：

一、去年诸公议中空一段，又弟未多请炮船，此时皆不必悔。向使此二事当日筹谋周密，而他处或又有隙可乘。凡事后而悔己之隙，与事后而议人之隙，皆阅历浅耳。

〔译文〕

沅弟左右：

有几件应该和你商量并嘱咐的事，逐条陈列在后：

一、去年诸公议中空一段，另外弟弟没有多请炮船，这时都不必后悔。假使这两件事当时筹谋周密，但其他地方可能也有隙可乘。凡是事后后悔自己的疏忽，与事后议论他人的疏忽，都是阅历太浅。

二、约期打仗，最易误事，余所见甚多。即以近事证之：去年正月十九，余际昌约与多、鲍同出队，以三排枪为记号。是日春霆黎明放三排枪，厥后因雾雨，多、鲍未出队，余军大挫。今年正月十六，凯章与霆营约攻上溪口，同在渔亭出队。厥后凯章到而霆营自中途折回，几至误事①。二月初九，凯章与朱、唐约攻上溪，以冲天火箭为记号。厥后朱、唐先到，彼此均未见火箭。三月初五，凯章与唐约攻徽州，以排枪为记。厥后唐冒雨先到，而凯不至，遂至大挫。弟十一日攻中空九垒②，并无错处，因多公约出队牵制，而弟允之，却是错处。想以余前日之信为不足据耳！

〔注释〕

①几至：几乎，差不多达到（某种状态或程度）。

②垒：古代军中作防守用的墙壁。

〔译文〕

二、约定日期一起打仗，最容易耽误事，我所见到的例子很多。就以近来的事证明：去年正月十九日，余际昌约定与多、鲍一起出兵，用三排枪为记号。当天春霆黎明放了三排枪，此后因为起雾下雨，多、鲍二人没有出兵，余军受到很大挫折。今年正月十六日，凯章与霆营约定攻打上溪口，一起在渔亭出兵。此后凯章到了而春霆却中途折回，差点儿耽误大事。二月初九日，凯章与朱、唐约定攻打上溪，用冲天火箭为记号。此后朱、唐先到，彼此都没有看见火箭。三月初五日，凯章与唐约定攻打徽州，用排枪为记号。此后唐冒雨先到，但凯却没到，于是唐军受到很大挫折。弟弟十一日攻打中空一段九座营垒，并没有什么错处，却因为多公约定出兵牵制，但弟弟你答应，却是不对的。想必是认为我前几天信里的话不足为据的缘故吧！

三、攻城攻垒，总以敌人出来接仗，击败之后，乃可乘势攻之。若敌人静守不出，无隙可乘，则攻坚徒损精锐。菱湖贼垒不破，尚不要紧，若关外贼垒十分坚固难破，却须另行熟筹①。

〔注释〕

①熟筹：反复考虑，仔细考虑。

〔译文〕

三、攻打城池和壁垒，总是要引敌人出来接战，击败敌军之后，才可以乘势攻打他们。如果敌人静守不出，无隙可乘，那么攻打这样坚固的地方只是白白地消耗精锐兵力。菱湖贼匪的壁垒没有攻破，还不要紧，如果关外贼匪壁垒十分坚固难破，却必须另行筹谋、反复考虑了。

四、用兵人人料必胜者，中即伏败机；人人料必挫者，中即伏生机。庄子云两军相对，“哀者胜矣”[①]。此次多、鲍、成、朱援皖，人人皆操必胜之权，余虑其隐伏败机，故前寄弟信，言不必代天主张。本日巳刻小雨，午、未大雨，未知有损于弟军及多、鲍否？如其有损，亦惟兢兢自守[②]，尽人谋以听天而已[③]。

〔注释〕

①哀者胜矣：哀伤悲愤的一方会胜利。语出《老子》：“故抗兵相加，哀者胜矣。”两军对垒，受压迫、处境绝望而悲愤反抗的一方必能获胜。

②兢兢（jīng）：小心谨慎的样子。

③人谋：人的计谋、策略。

〔译文〕

四、指挥作战，人人都料想必胜的时候，里面就暗伏着败机；人人都料想必败的时候，里面就暗伏着生机。庄子说两军相对，“哀伤悲愤的一方会胜利”。这次多、鲍、成、朱援助安徽，人人都觉得胜券在握，我担心其中隐伏着败机，所以之前寄给弟弟的信，说不必替上天做主张。今天巳时下小雨，午、未时变成大雨，不知道给弟弟及多、鲍的军队造成损失没有？如果有损失，也只有小心谨慎地自我约束,尽力谋划而听从上天的安排而已。

5.咸丰十一年四月十五日
致九弟、季弟·初扎险地,迥乎不同

〔题解〕

此信主要说的是与敌作战过程中的扎营问题,特别指出初次在险地扎营与长期扎定营盘的迥然不同。

沅、季弟左右:

接沅弟长信,志甚坚,气甚壮,微嫌办理太速,兵力太单耳。

〔译文〕

沅、季弟左右:

接到沅弟寄来的长信,志向非常坚定,气势也很豪壮,稍稍嫌办理太快,兵力太单薄而已。

新移六营,扎于菱湖贼垒之后者,已守住十三夜十四日矣。惟地段太长,仍嫌兵单,务须请成武臣七营赴菱湖帮助同扎为妥。

〔译文〕

新近调防过去的六个营,驻扎在菱湖贼匪壁垒后面的,已经守住十三个晚上十四个白天了。只是地段太长,仍然嫌兵力单薄,务必请成武臣七个营赴菱湖帮助共同扎营才好。

大凡初扎险地,与久经扎定者,迥乎不同。久经扎定者,壕已深,墙已坚,枪炮已排定,虽新勇亦可稳守。初扎险地者,虽老手亦无把握。久扎者千人守之而有余,初扎者二千人守之而不足。目下菱湖六垒必须成武臣往扎半月①。扎定之后,吾与沅弟另筹几营往该处换扎,又可抽出成军为活着矣。

〔注释〕

①目下:目前,现在,在此时。

〔译文〕

凡是初次在险地扎营,与长期扎定营盘的,迥然不同。长期扎定营盘的,壕沟已经挖深,墙已经加固,枪炮已经排定,即使新兵也可以稳守。初次在险地扎营的,即使是老手也没有把握守住。长期扎定营盘的,一千人守卫就绰绰有余了;初次在险地扎营的,两千人守卫也不够。现在菱湖的六座营垒一定要让成武臣去驻扎半个月。扎定之后,我与沅弟另外寻找几营人马去那换防,又可以抽出成军作为机动部队。

6.同治元年九月十一日
致九弟·制胜之道,在人不在器

〔题解〕

此信叙述取胜之道,其实在于人而不在于器具。即作战取胜的决定性因素是真正善战的将士,而不是洋枪和弹药。

沅弟左右:

初五早之捷,破贼十三垒,从此守局应可稳固,至以为慰!缩营之说,我极以为然。既不能围城贼,又不能破援贼,专图自保,自以气敛局紧为妥,何必以多占数里为美哉?及今缩拢,少几个当冲的营盘,每日少用几千斤火药,每夜少几百人露立,亦是便益。“气敛局紧”四字,凡用兵处处皆然,不仅此次也。

〔译文〕

沅弟左右:

初五日早上大捷,攻破贼匪十三个壁垒,今后的防守局势应该可以稳固,让我感到非常安慰!缩短营盘战线的计划,我极为赞成。既不能围攻城中贼匪,又不能攻破贼匪后援,只是寻求自保,自然要以气敛局紧为妥,何必把多占几里地当成好事呢?现在缩短战线、聚拢气势,少几个首当其冲的营盘,每日少用几千斤火药,每夜少几百人露天站岗,也是好事。“气敛局紧”这四个字,凡是用兵的时候都可以用,不仅是这一次。

所需洋枪、洋药、铜帽等[①],即日当专长龙船解去。然制胜之道,实在人而不在器。鲍春霆并无洋枪、洋药,然亦屡当大敌。前年十月、去年六月,亦曾与忠酋接仗,未闻以无洋人军火为憾。和、张在金陵时,洋人军器最多,而无救于十年三月之败。弟若专从此等处用心,则风气所趋,恐部下将士,人人有务外取巧之习[②],无反已守拙之道[③],或流于和、张之门径而不自觉,不可不深思,不可不猛省。真美人不甚争珠翠,真书家不甚争笔墨,然则将士之真善战者,岂必力争洋枪、洋药乎?

〔注释〕

①铜帽:子弹。

②务外:只致力于表面,不求深入。

③反已:反回头来要求自己。守拙:以拙自安,不用机巧与世周旋。

〔译文〕

所需的洋枪、洋药、子弹等,这几天就派长龙船解送去。但是取胜之道,其实在于人而不在于工具。鲍春霆并没有洋枪、洋药,但是也屡次抵挡大敌。前年十月、去年六月,也曾与忠酋作战,没听说因为没有洋人的军火感到遗憾。和、张在金陵的时候,洋人的军器最多,但没法挽救他们在十年三月的失败。弟弟如果专门从这些地方用心，那么受风气的影响，担心你部下的将士，人人养成只致力于表面和投机取巧的习气，没有了反求诸己甘于守拙之道，或者会随了和、张的习惯而不自觉，不可以不深思，不可以不猛省。真正的美人不争于珠翠的装饰，真正的书法家不争于好的笔墨，那么真正善战的将士，又怎么会一定要力争洋枪、弹药呢？

闻霆军营务处冯标说，霆营现以病者安置城内，尽挑好者扎营城外，亦是一法。弟处或可放而行之[1]。将病者、伤者全送江北，令在西梁、运漕等处养息，专留好者在营。将东头太远之营缩于中路、西路，又将病伤太多之营缩而小之，或以二营并而一之。认真简阅一番[2]，实在精壮可得若干人，待王、程到齐，再行出壕大战。目下若不缩营蓄锐，恐久疲之后，亦难与言战也。

〔注释〕

①放(fǎng)：仿效，模仿。

②简阅：此处指考察拣选。

〔译文〕

听春霆军营务处的冯标说，现在春霆将生病的士卒安置在营盘城墙以内，挑出健康的士卒扎营在营盘城墙外，也是一个方法。弟弟那里或许可以效仿实行。将生病的、受伤的士卒全送到江北，命令他们在西梁、运漕等地方养息，专门留下健康士卒在军营里。将东边太远的军营压缩到中路、西路,再将病伤士卒太多的军营缩小,或者把两个营合并为一个。认真考察拣选一番,可以得到若干精壮健康的士卒,等待王、程到齐,再行出壕作战。现在如果不缩小营盘养精蓄锐,恐怕士卒长期疲惫之后,也难以同他们再说作战之事了。

穆海航在无为州,已札饬将抵征之项银米并收[①],闻百姓欢欣之至。弟托之办两月米粮,必做得到,即当告之。

〔注释〕

①饬(chì):告诫,命令。

〔译文〕

穆海航在无为州,已下公文命令将抵征的粮食银两一起收下,听说百姓非常高兴。弟弟托他备办两个月的米粮,一定做得到,我会立即通知他。

7.同治元年十月二十日
致九弟·多用活兵,少用呆兵

〔题解〕

曾国藩与弟弟谈用兵之事,主张以后应该多用活兵,少用呆兵;多用轻兵,少用重兵。

沅弟左右：

宁国之事，据凯章言，老湘营守郡城，决可无碍。鲍、宋守高祖山、清弋江两处营垒，或亦尚可支持。如不能支，只好调皖北希部来救宁郡。蒋军正在力攻汤溪之际，又恐侍逆回浙，必不能饬芗救宁。吾每说军事但靠自己，莫靠他人，盖阅历之言也。左帅此次派王文瑞带三千五百人援徽，已是力顾大局之举，不可又责望芗军也[①]。平心而论，鲍、张二军，尚不能守一宁国，求援于人，实难措辞。

〔注释〕

①责望：要求和期望。

〔译文〕

沅弟左右：

宁国方面的事，根据凯章说，老湘营守郡城，一定没有问题。鲍、宋守卫高祖山、清弋江两个地方的营垒，或也可以支持。如果支撑不住，只好调皖北希部来救援宁国。蒋军正在力攻汤溪的时候，又担心伪侍王回浙江，一定不能命令蒋军救援宁国。我常说军事只能自己靠自己，不要靠他人，这是我的阅历之言。左帅这次派王文瑞带三千五百人支援安徽，已经是顾全大局的举动，不可又期望蒋军。平心而论，鲍、张二军，还不能守住一个宁国，向其他人求援，实在难以启齿。

弟在军已久，阅事颇多。以后宜多用活兵，少用呆兵；多用轻兵，少用重兵。进退开合，变化不测，活兵也；屯宿一处，师老人顽，呆兵也。多用大炮，辎重①、文员太众，车船难齐，重兵也；器械轻灵，马驮辎重，不用车船轿夫，飙驰电击②，轻兵也。弟军积习已深，今欲全改为活兵、轻兵，势怕不能。姑且改为半活半呆、半轻半重，亦有更战互休之时。望弟力变大计③，以金陵、金柱为呆兵、重兵，而以进剿东坝、二溧为活兵、轻兵，庶有济乎？

〔注释〕

①辎重（zīzhòng）：行军时由运输部队搬运的物资。

②飙（biāo）驰：疾速奔驰。

③大计：重大的谋略或计划。

〔译文〕

弟弟在军中已经很久了，经历的事情很多。以后应该多用活兵，少用呆兵；多用轻兵，少用重兵。进退自如，开合有度，变化莫测，这是活兵；屯宿一个地方，时间太久，士卒疲惫，士气低落，这是呆兵。多用大炮，辎重、文员太众，车船难以配齐，这是重兵；器械轻灵，用马驮辎重，不用车船轿夫，风驰电掣，随时出击，这是轻兵。弟弟你军队的积习已很深，现在想要全改为活兵、轻兵，势必不行。暂且改为半活半呆、半轻半重，也有轮流出战、换班休息的时候。希望弟弟下力气改变大计，把金陵、金柱的军队作为呆兵、重兵，把进剿东坝、二溧的军队作为活兵、轻兵，似乎还有些指望吧？

8.同治二年三月二十四日
致九弟·现办军务，刻刻勤劳

〔题解〕

在此信中，曾国藩与弟弟共勉：我们现在在办军务，是身处功利场中，应该时刻勤劳。

沅弟左右：

弟读邵子诗[①]，领得恬淡冲融之趣[②]，此是襟怀长进处。自古圣贤豪杰、文人才士，其志事不同[③]，而其豁达光明之胸大略相同。以诗言之，必先有豁达光明之识，而后有恬淡冲融之趣。如李白、韩退之、杜牧之，则豁达处多；陶渊明、孟浩然、白香山，则冲淡处多。杜、苏二公，无美不备，而杜之五律最冲淡，苏之七古最豁达。邵尧夫虽非诗之正宗，而豁达、冲淡，二者兼全。吾好读《庄子》，以其豁达足益人胸襟也。去年所讲"生而美者，若知之，若不知之，若闻之，若不闻之"一段最为豁达，推之即舜、禹之有天下而不与，亦同此襟怀也。

〔注释〕

①邵子:邵雍,字尧夫,北宋哲学家、易学家。

②恬淡:心境安然淡泊,不慕名利。冲融:冲和,恬适。

③志事:志向及事业。

〔译文〕

沅弟左右:

弟弟读邵子的诗,领会到他诗中有恬淡冲融的趣味,这说明你的襟怀有了长进。自古以来的圣贤豪杰、文人才士,他们的志向及事业虽不同,而他们的豁达光明的胸怀,大体都一样。以诗来说,一定要先有豁达光明的见识,然后才有恬淡冲融的趣味。比如李白、韩退之、杜牧之,豁达的地方多一些;陶渊明、孟浩然,白香山,则冲淡的地方多一些。杜甫、苏轼两位的诗,什么优点都具备,而杜甫的五言律诗味道最冲淡,苏轼的七言古诗意境最豁达。邵尧夫虽然不是诗的正宗,但豁达和冲淡这两样兼而有之。我喜欢读《庄子》,因为他的豁达足以有益于人的胸怀。去年我所讲过的"生而美好的,好像知道,好像不知道,好像听到,好像没有听到"这几句话,最为豁达,由此推而广之,舜、禹的拥有天下却像没有一样,也是同这一样的襟怀。

吾辈现办军务,系处功利场中,宜刻刻勤劳,如农之力穑①,如贾之趋利,如篙工之上滩②,早作夜思,以求有济。而治事之外,此中却须有一段豁达冲融气象。二者并进,则勤劳而以恬淡出之,最有意味。余所以令刻

“劳谦君子”印章与弟者,此也。

〔注释〕

①力穑(sè):努力耕作。

②篙(gāo)工:撑篙的船工。

〔译文〕

我们现在在办军务,是身处功利场中,应该时刻勤劳,像农夫一样努力耕作,像商贾一样追求利润,像船工撑船上滩一样卖力,早起工作,夜里思想,以求成功。工作辛劳之余,心中却是需要有一段豁达冲融的气象。两方面同时前进,那么做事再辛苦勤劳,都能以恬淡的心情来处理,最有意味。我之所以叫人刻一颗“劳谦君子”的印章给弟弟,就是这个意思。

少荃已克复太仓州,若再克昆山,则苏州可图矣。吾但能保沿江最要之城隘,则大局必日振也。

〔译文〕

少荃已经攻克太仓州,如果再攻克昆山,那么苏州就可以考虑去打了。只要我方能保住沿江最重要的城市和关隘,那么大局一定会一天天好起来。